WILLI KLINGER

Hedi Klingers

Klassiker der österreichischen Küche

Fotografiert von
Manfred Klimek

Landschaftsfotos von
Josef Neumayr

Weintipps von
Willi & Thomas Klinger

Inhalt

Eine ländlich noble Küche	04
Hedi Klinger: Ich hätte nie ein Kochbuch gemacht …	07
Familiengeschichte	08

Jausen & kalte Vorspeisen — 16
Suppen — 38
Hausmannskost — 64
Hauptspeisen — 94
Beilagen — 154
Mehlspeisen — 170
Grundrezepte — 224

Rezeptregister	232
Glossar	234
Dank	238

Sofern nicht anders angegeben, sind alle Rezepte für vier Portionen berechnet und Eier in Größe M verwendet worden.

Eine ländlich noble Küche

Unter dem neuen Titel „Hedi Klingers Klassiker der österreichischen Küche" liegt der Rezeptschatz der ehemaligen Wirtin im Gasthof Klinger, der bereits in drei Auflagen des Standardwerks „Hedi Klingers Familienküche" erschienen ist, nun in erweitertem Umfang vor. Mit über 30 zusätzlichen Rezepten, darunter auch Hedis feine Weihnachtsbäckerei, ist dieses kulinarische Vermächtnis weitgehend vollständig dokumentiert.

Die 1933 geborene Oberösterreicherin hat ihre traditionelle und im besten Sinne ländlich noble Küche mehr als drei Jahrzehnte lang im Gasthof Klinger, der ehemaligen Poststation und Taverne zu Jeding bei Gaspoltshofen, aufgetischt und über junge Köchinnen und Köche, die sie ausgebildet hat, an die nächste Generation weitergegeben. Besonders die nachfolgenden Küchenchefinnen Ursula Heftberger (2004–2015) und Eva Sterrer (seit 2015) sowie Hedis Enkelin Christiane Lippert, die seit 2020 den Gasthof Klinger führt, haben diese Rezepte und Arbeitstechniken in ihren Jahren an Hedis Seite verinnerlicht.

Es hat mich anfangs einige Überzeugungsarbeit gekostet, meine Mutter für unser Kochbuchprojekt zu gewinnen. Sie ist zwar ehrgeizig und gesellig, aber trotz ihres Charismas eine sehr bescheidene Person, die auch als Haubenköchin das Licht der Medien eher gemieden hat. Eines Tages haben wir dann doch begonnen, gemeinsam zu kochen und ihre Rezepte, die sie oft nur aus dem Gefühl heraus zubereitet, genau zu erarbeiten. Am Anfang war das ganz schön anstrengend, denn wie viele gute Köchinnen ihrer Generation ist sie eine kochende Anarchistin, die nicht schematisch vorgeht, sondern ständig improvisiert. Das Schöne daran ist, dass wir im Laufe der jahrelangen gemeinsamen Arbeit zusammengefunden haben und ich dadurch viel wertvolle Zeit

mit ihr verbringen konnte. Nebenbei habe ich dabei auch selbst recht gut kochen gelernt.

Was ist nun das Spezielle an dieser an sich unspektakulären Küche? Am besten zeigen sich ihre geschickte Hand und ihr feiner Geschmackssinn meiner Meinung nach bei den Saucen. Nirgends habe ich so feine Saftln zum Schweinsbraten, Kalbsbraten, Rehbraten, Paprikaschnitzel oder zum Brathendl gefunden wie bei ihr. Neben Braten und den klassischen Beilagen habe ich mit meiner Mutter ihre persönlichen Zubereitungen für feine Suppen und Salate, für die beliebtesten Schmankerl der österreichischen Hausmannskost und die besten Rezepte aus ihrer Mehlspeisenküche festgehalten. Bei der Erarbeitung der neuen Rezepturen dieser Ausgabe war die redaktionelle Mithilfe meiner Schwester Hedwig Breuer, die Mamas Küche von Kindheit an kennt, von unschätzbarem Wert. Wer also diese feine und sehr persönliche Interpretation der klassischen Küche Österreichs zu Hause pflegen und vielleicht auch einmal an die nächste Generation überliefern möchte, der wird mit diesem Band seinem Ziel einen großen Schritt näher kommen.

Willi Klinger

Ich hätte nie ein Kochbuch gemacht ...

Die vielen positiven Reaktionen auf die bisherigen Ausgaben meines Kochbuchs bedeuten mir sehr viel. Dabei war ich ursprünglich eher skeptisch, als mein Sohn Willi mit seiner Buchidee daherkam: „Es gibt schon so viele Kochbücher auf der Welt, da muss ich nicht auch noch eines machen!", dachte ich. Doch Willi ließ nicht locker und fing an, Rezept für Rezept mit mir durchzuarbeiten. Das war für mich manchmal sehr anstrengend, denn ich koche viel nach Gefühl. Kochen ist ja keine exakte Wissenschaft.

Und doch ist es nicht schlecht, öfter zu wiegen oder Temperaturangaben zu beachten. Einmal musste ich für die Fernsehsendung „Aufgegabelt in Österreich" einen Leberbunkel zubereiten, den ich mein ganzes Leben immer wieder gemacht habe. Er wurde immer gut, aber nicht immer gleich. Für dieses eine Mal hatte ich alles genau abgewogen, und seither gelingt er mir immer perfekt. Irgendwas ist schon dran an genauen Anleitungen ...

Leider werden die aufwändigen Gerichte der heimischen Küche in der Gastronomie aus wirtschaftlichen Gründen immer seltener angeboten. Wahrscheinlich kommen gerade deshalb die traditionellen Speisen bei jungen Familien wieder zu Ehren. Ich sehe es besonders an meinen Enkeln und Urenkeln. Die lieben meine Küche, obwohl sie schon in jungen Jahren mehr herumkommen als wir in einem ganzen Leben und dabei auch mit anderen kulinarischen Richtungen vertraut werden.

Die traditionelle Küche verlangt viel Liebe, Sorgfalt und Zeit. Man muss die Rezepte mehrfach ausprobieren und dann immer wieder zubereiten, bis man sie richtig beherrscht. Dann jedoch werden Sie und Ihre Gäste viel Freude damit haben.

Gutes Gelingen!

Hedi Klinger

Familien-
geschichte

Meine Eltern wuchsen im oberösterreichischen Hausruckviertel in Nachbarorten als Kinder zweier Gastwirts- und Bauernfamilien auf. Mein Vater, der in Windischgarsten die Hauptschule abgeschlossen hatte und gerne eine höhere technische Schule in Linz besucht hätte, musste nach dem Krieg im elterlichen Betrieb in Gaspoltshofen tagsüber in der kleinen Landwirtschaft und abends im Gasthaus mitanpacken. Meine Mutter, geboren als Hedwig Huber in Aistersheim, hatte als Mädchen während des Krieges nur die Volksschule besuchen dürfen und half von Kind an daheim auf dem Bauernhof mit, zu dem auch eine Gastwirtschaft gehörte. Das Kochen lernte sie von ihrer Großmutter Josefa Liedauer, die als Volontärin im bekannten „Grünen Baum" in Linz die höheren Küchenweihen bekommen hatte.

Aistersheim, ein 800-Seelen-Ort im oberösterreichischen Hausruckviertel mit einem bekannten Renaissance-Wasserschloss als Hauptattraktion, war früher einmal ein Kurort mit Kaltwasserheilanstalt gewesen. Das dazugehörige Holz-Schwimmbecken kann man heute noch erkennen. Mein Großvater Wilhelm Klinger und sein Bruder, der Müller z'Fading Karl Klinger, haben dort schwimmen gelernt. Ich erinnere mich noch an die Familie Sedlmayer aus Wien, die drei Generationen lang jeden Sommer als Pensionsgäste nach Aistersheim kam. Mutters Großvater Franz Liedauer bürgte in den 1920er Jahren „mit Haus und Hof" für die Grieskirchner Brauerei und trug damit maßgeblich zur Rettung dieser oberösterreichischen Traditionsbrauerei bei. Ich fuhr als Student noch das eine oder andere Mal zur Hauptversammlung mit.

Die Huberischen sind in gewisser Weise echte Qualitätsfanatiker. Der Bruder meiner Mutter, Johann Huber, der den Hof von meinem früh verstorbenen Großvater übernahm, war ein großartiger Fleckviehzüchter, dessen preisgekrönte Zuchtbullen

Der Gasthof Liedauer (später Huberwirt) in Aistersheim, Hedis Elternhaus, um 1905

Hedi und Willi, um 1957

Obstbäume im Hausruckviertel

Das Ehepaar Schick, Willis Ururgroßeltern

Willi und sein großer Freund, der Sattler Konrad Nowotny

Besuch beim Hirsch in Wolfsegg (Brandlhof), wo Hedi oft in der Küche aushalf

bis nach Südafrika verkauft wurden. Seine Frau, Tante Christl, galt als beste Schnitzelköchin weit und breit. Viele Jahre hindurch traf sich die Aistersheimer Verwandtschaft alljährlich am Johannstag, dem 27. Dezember, zum weihnachtlichen „Huberschnitzel-Essen", für mich auch heute noch der Maßstab, wenn es um das beste Schnitzel geht.

1951 lernte meine Mutter in der ländlichen Hauswirtschaftsschule in Weyregg am Attersee nicht nur viele praktische Fertigkeiten vom Melken bis zum Schafe-Scheren, sondern auch ganz ausgezeichnet kochen. 1956 heiratete sie meinen Vater, der damals auch ein kleines Transportunternehmen führte, und zog zu ihm nach Gaspoltshofen. In den folgenden acht Jahren kamen vier Kinder. Der Gasthof Klinger wurde zeitweise verpachtet, bis meine Eltern ihn 1980 nach einem großen Umbau und substanziellen Investitionen definitiv selbst führten.

Das gemütliche Wirtshaus im Hausruck
Der Gasthof Klinger im oberösterreichischen Hausruckviertel steht am Innbach, der zwischen 1810 und 1816 die Grenze zwischen Österreich und Bayern bildete. Als „Taverne zu Jeding" war das massive Haus einst Zehenthof und Poststation. Zu den früheren Besitzern gehörten die Stifte Engelszell und Lambach.

1809 zog Napoleon mit seinem Heer am Haus vorbei. Laut mündlicher Überlieferung wurde dabei der „Mühljung" der gegenüberliegenden Mühle erschossen. Zu den kurzzeitigen Bewohnern des Hauses gehörte ein halbes Jahrhundert später auch der Komponist Wilhelm Kienzl. 1885 kaufte der Müller Karl Schick die Taverne für seine Tochter Maria, die Urgroßmutter des heutigen Besitzers Ing. Wolfgang Klinger. Sie heiratete 1895 Karl Dallinger, und ihre Tochter Friederike Dallinger, meine Großmutter, ehelichte 1931 den Müllersohn Wilhelm Klinger. Nach dem Krieg florierte der Gasthof. Das scharfe Klinger-Gulasch wurde im weiten Umkreis gelobt. Zu überregionaler Bekanntheit als Hausruckviertler Institution stieg der Gasthof Klinger in der nächsten Generation auf.

Willi Klinger sen., mein Vater, ist heute noch als der allseits beliebte Wirt in Erinnerung, bei dem auch der Schriftsteller Thomas Bernhard zum Stammgast wurde. Hedi Klingers feine bodenständige Küche wurde mit Hauben und Sternen ausgezeichnet. Höhepunkt war die Ehrung für Verdienste um das „Kulinarische Erbe Österreichs" im Jahr 2004. Damals entstand die Idee, ihre individuellen Rezepte der österreichischen Küchenklassiker in einem Kochbuch zu sammeln. 2004 übernahm mein Bruder Wolfgang neben dem Transportunternehmen auch den Gasthof und führte ihn mit seiner Frau Hermi und der bewährten Belegschaft erfolgreich weiter. Seit 1.1.2020 lenkt seine Tochter Christiane, Hedis Enkelin, die Geschicke des Hauses.

Vom Essen auf dem Lande
Die Wirtshäuser in den kleinen Dörfern Oberösterreichs hatten früher in der Regel eine Landwirtschaft dabei oder sie waren sogar, wie das Elternhaus meiner Mutter, in erster Linie Bauernhof mit angeschlossener Gaststube. Die Großmutter sah man zumeist auf der Bank am grünen Kachelofen beim Stricken oder Häkeln sitzen, während die anderen im Stall oder auf dem Feld arbeiteten. Verirrte sich tagsüber ein Durstiger ins Lokal, unterbrach sie die Handarbeit und schenkte dem Gast ein. Wenn sich jemand den Luxus eines Paars Würstel leisten wollte, schickte sie schnell ein Kind zum Fleischhauer um ein Paar Debreziner oder Frankfurter und siedete sie. Der Kren steckte üblicherweise im Mostkeller im Sand. Er wurde extra geholt und frisch gerieben. Auch im Gasthof Klinger wurde zuerst nur für die eigene Familie und das Personal gekocht. Ansonsten gab es höchstens Imbisse: Aufschnitt, Wurst in Essig und Öl, Würstel mit Senf und Kren oder in (Gulasch-)Saft. Das teuerste Gericht meiner Oma war das scharfe Rindsgulasch, für das „der Klinger" weit und breit bekannt war.

Nur zu besonderen Anlässen wurde in einem Wirtshaus am Land groß gekocht. Bei Hochzeiten wurde ein Kalb geschlachtet. Beim Leichenschmaus, der bei uns Zehrung oder Kondukt heißt, wird noch heute gekochtes Rindfleisch mit Semmelkren

Mein Vater war der ideale Wirt

Er wollte nie einen Gourmettempel haben. Dafür legte er Wert auf bodenständige Gastlichkeit jenseits des Üblichen mit gepflegt gezapftem Bier, guten Weinen und der sprichwörtlichen österreichischen Gemütlichkeit. Einen besonderen Stein im Brett hatte er bei älteren Damen, die er gerne scherzhaft als „Schuladirndln" begrüßte, um ihnen einen Hauch von Jugendlichkeit zu attestieren. Immer wieder platzierte er seine Stehsätze wie „I bin jo do herin' nur da Hausknecht" oder „Für meine Stammgäste bin ich der Psychiater." Die Gäste kamen nicht nur wegen der Küche meiner Mutter, sondern auch wegen des charmanten und unterhaltsamen Gastgebers, den auch Thomas Bernhard als Gesprächspartner sehr schätzte.

Der Wirt Wilhelm Klinger (1932–2016) an seinem 70. Geburtstag 2002

aufgetragen. Der Bäcker liefert dazu die großen Totensemmeln mit Anis. Sie werden auch Zehrungs- oder Konduktsemmeln genannt und liegen für jeden Trauergast beim Gedeck. Bei derartigen Anlässen kam unser Lokal am Ortsrand seltener in Betracht als die drei Kirchenwirte mit ihren großen Sälen. Richtig gespeist wurde in den Gasthäusern auf dem Land außer bei Hochzeiten und Beerdigungen besonders bei der Wild-, Enten- und Bratenpartie. Das ist ein schöner, auch heute noch da und dort üblicher oberösterreichischer Brauch, bei dem versteckte Kochkünste allgemein zugänglich werden: Jedes Gasthaus, das etwas auf sich hielt, lud an einem Wochenende im Oktober oder November die Bevölkerung der umliegenden Orte, Bekannte und Geschäftspartner zur Partie ein. Dann gab es von Samstagmittag bis Sonntagabend ohne Unterbrechung Enten, Kalbsbraten, Schweinsbraten, Schnitzel und oft auch Wildgerichte. Manch einsame Schenke lief bei solchen Gelegenheiten zu kulinarischer Hochform auf.

In jungen Jahren wurde meine Mutter fallweise als Aushilfe für die Partie in die Wirtshäuser der Verwandtschaft von Wolfsegg bis Haag am Hausruck geschickt. Unter der strengen Führung erfahrener Köchinnen perfektionierte sie an den traditionellen Holzöfen die Kunst des Großen Bratens. Es handelt sich um Gerichte, die man in Restaurants selten in guter Qualität bekommt, weil sie nicht à la minute zubereitet werden können. Bei einer Partie wurde immer auf Verdacht gekocht, denn man wusste ja nie genau, wie viele Portionen bestellt werden würden. Es konnte sein, dass am Nachmittag das Geschäft plötzlich abriss und drei ganze Enten oder ein halber Kalbsbraten zu viel da waren. „Rechtzeitig auslegen!", sagte die Tante Anna vom Gasthaus Dallinger in Haag am Hausruck, die für ihre Braten bekannt war. „Nachbraten geht nur, wenn man das Fleisch früh genug aus dem Ofen holt."

Meine Mutter hat viel von der Kochkunst und dem Produktwissen dieser großartigen Frauen, von dieser kulinarischen Kultur, die noch aus der Zeit der Monarchie stammte, in ihre ganz persönliche bürgerliche Gasthaus- und Familienküche integriert.

Die ehemalige Poststation und Taverne zu Jeding, heute Gasthof Klinger

Hedi hat ihrer Enkelin Christiane viel von ihrer Kochkunst mitgegeben.

JAUSEN & KALTE VOR-SPEISEN

Ein typisches Festmahl in Oberösterreich kannte früher keine Vorspeisen. Es begann traditionell mit einer Rindsuppe mit klassischen Einlagen: Frittaten, Leberknödel, Grieß- oder Butternockerl, Milzschnitten und dergleichen.

Bei privaten Abendeinladungen gab es bei uns meistens kalte Küche. Das Angebot an Delikatessen war in den fünfziger und sechziger Jahren nicht einmal beim damals weit und breit bestsortierten Lebensmittelgeschäft „Meinl" in Schwanenstadt mit jenem heutiger Supermärkte zu vergleichen. Und doch zauberte meine Mutter aus dem begrenzten Zutatenrepertoire köstliche Schmankerl. Manches stammte aus dem für damalige Verhältnisse sehr guten Buch „Kalt, bunt und lecker", wobei Mama die meisten Rezepte nach ihrem eigenen, feinen Geschmack weiterentwickelte.

Dass „Russisches Ei" oder auch die „Schinkenrolle" dann in unserem Gasthof zu echten Rennern wurden, lag unter anderem an der phänomenalen Sauce tartare, deren Rezept wir in diesem Kapitel verraten. Erst später kamen auch in Oberösterreichs Restaurants echte Vorspeisen in Mode. Sie sind teils feine Versionen unserer Jausengerichte, teils stammen sie aus internationalen Küchen diverser Epochen.

Kochkas *alias* Ausgesottener

Den „ausgsod'na Kas" machte bei uns im Hausruckviertel früher fast jede Bäuerin im Haus, so auch die Tante Mirli beim „Pauli z'Pöttenheim" oder die Tante Christl beim Huberwirt in Aistersheim. Mit etwas Bauernbutter, selbstgebackenem Bauernbrot und einem guten Most, den der Onkel Sepp oder der Onkel Hans aus ihren kühlen Kellern im Krug heraufholten, wurde dieses typische oberösterreichische Jausengericht für uns zur ländlichen Delikatesse.

Heute ist der „Ausgesottene Kas" gar nicht mehr so ohne weiteres herstellbar, denn man braucht dafür den richtigen Topfen, den sogenannten Kochkastopfen. Hier das Rezept meiner Cousine Maria Riener.

ZUTATEN

1 kg Kochkastopfen (Bröseltopfen aus Magermilch)

1 l Vollmilch

30 g Butter

2 TL Salz

Kümmel nach Geschmack

ZUBEREITUNG

Topfen in eine große Keramikschüssel geben, mit einem Teller zudecken und 2–3 Tage an einen warmen Platz stellen, zum Beispiel an ein sonniges Fenster oder in der Nähe einer Wärmequelle. Während dieser Reifezeit Topfen einmal täglich mit einer Gabel durchmischen. Die Reife ist erreicht, wenn der Topfen leicht gelblich und so klebrig wird, dass die Brösel ineinander fließen.

Ausgereiften Topfen mit Milch, Butter, Salz und Kümmel auf kleiner Flamme unter ständigem Rühren behutsam schmelzen lassen, bis alle Brösel vollständig verschmolzen sind. Kurz aufkochen lassen, in bereitgestellte Schüsseln füllen und auskühlen lassen.

↪ Am besten schmeckt der Kochkas lauwarm mit frischer Butter.

↪ Nach Geschmack mit frisch geriebenem Pfeffer würzen.

Jausen & kalte Vorspeisen
AUFSTRICHE

Hedis *cremiger* Kochkas

Dieses Rezept ist eine jener unspektakulären, aber umso köstlicheren Kreationen, die meine Mutter immer wieder aus dem Ärmel schüttelte, wenn sie sich in Arbeitspausen schnell etwas Gutes tun wollte. Man darf eigentlich gar nicht laut sagen, dass es mit dem in gut sortierten Supermärkten erhältlichen „Steirakas" am besten gelingt. So wird aus dem recht einfachen Molkereiprodukt im Handumdrehen ein origineller, fein rahmiger Aufstrich, der am besten noch lauwarm als Dip schmeckt, wenn man mit Schwarzbrotstreifen eintunkt. Ideal auch auf in mundgerechte Aperitifhappen geschnittenem Bauernbrot.

ZUTATEN

¼ l Schlagobers

Kümmel nach Geschmack

200 g Steirerkas oder Glundner

Milch nach Bedarf

ZUBEREITUNG

Schlagobers mit Kümmel aufkochen, 2–3 Minuten kochen. Währenddessen den Steirerkas würfelig schneiden.

Steirerkaswürfel zum Schlag geben. Zurückschalten und stehen lassen, damit der Käse schmilzt.

10 Minuten sanft köcheln lassen. Konsistenz evtl. mit Milch verdünnen. Mit einem Schneebesen glattrühren, nochmals aufkochen lassen und in Formen gießen. Auskühlen lassen und verschließen.

→ Man kann entweder die ganze Masse in eine größere Schüssel gießen oder kleine Portionsterrinen damit befüllen. Dann hat man pro Gast ein schönes Gedeck für eine Essenseinladung.

Erdäpfelkas

Erdäpflkas muss frisch serviert werden, sonst werden die Zwiebeln unverdaulich und bitter. Ein frischer Erdäpflkas eignet sich gemeinsam mit hochwertiger Butter auch bestens als Gedeck.

ZUTATEN

250 g mehlige Kartoffeln
Salz
ca. ¼ l Sauerrahm
Schlagobers nach Bedarf
fein gehackte Zwiebel, Schalotte oder rote Zwiebel nach Geschmack
Pfeffer
Schnittlauch

ZUBEREITUNG

Kartoffeln mit der Schale kochen (nicht zu lang!), auskühlen lassen, schälen und fein reiben.

Über die geriebenen Erdäpfel Salz streuen, Sauerrahm dazugeben, durchmischen. Nach Bedarf noch etwas Sauerrahm oder Schlagobers einrühren. Zwiebel hinzufügen, gut durchmischen und salzen. Nochmals durchmischen, mit frisch geriebenem Pfeffer und fein geschnittenem Schnittlauch servieren.

Liptauer

ZUTATEN

1 mittelgroße Zwiebel
125 g zimmerwarme Butter
250 g halbfetter Bröseltopfen 20 %
2 EL Paprika edelsüß
½ EL gemahlener Kümmel
Salz
Pfeffer
ein paar Tropfen Essig
1–2 Knoblauchzehen
1–2 EL Sauerrahm

Liptauer wird in Wien auch mit Brimsen gemacht, einem slowakischen Frischkäse aus Schafmilch. Meine ehemalige Assistentin Marie-Sophie Hartl hat für den Heurigen am Weingut Heinrich Hartl in der Thermenregion eine besonders feine und frische Liptauer-Version ausgetüftelt.

ZUBEREITUNG

Zwiebel sehr fein hacken. Weiche Butter schaumig rühren, dann mit dem Topfen gut abmischen. Paprika, Kümmel, Salz, Pfeffer, Essig, den durchgepressten Knoblauch und die gehackte Zwiebel unterrühren. Die Mischung mixen und zum Schluss mit Sauerrahm abmischen, damit der Liptauer schön glatt und streichfähig wird.

Hedi: „Wenn Sie guten bröseligen Bauerntopfen bekommen, greifen Sie zu."

Stungakas

Für diesen würzigen Aufstrich können Sie jeden kräftigen Weichkäse mit Rotkultur nehmen. Er schmeckt besonders zum Bier oder als Vorspeisenhappen mit einem rustikalen Weißwein oder Schilcher.

ZUTATEN
1 Laibchen Schlierbacher Schlosskäse, gut gereift und zimmerwarm
gleiche Menge Butter, zimmerwarm
Schnittlauch

ZUBEREITUNG
Käse nach Wunsch entrinden (mein Vater verarbeitete ihn mit Rinde). Käselaibchen und Butter mit einer Gabel zerdrücken und gut vermischen.

Schnittlauch fein schneiden, daruntermischen und ein kleines, rundes Törtchen formen. Eventuell kurz im Kühlschrank anziehen lassen, mit gutem Schwarzbrot servieren.

Jausen & kalte Vorspeisen
AUFSTRICHE

Kräuterbutter

ZUTATEN

1 große oder 2 kleine Knoblauchzehen
1 EL gehackte Petersilie
1 EL gehackter Schnittlauch
½ TL gehackter Majoran (alternativ Thymian)
½ EL Worcestersauce
250 g zimmerwarme Butter
9 g Salz
Pfeffer

ZUBEREITUNG

Knoblauch fein hacken, mit Kräutern und Worcestersauce unter die Butter mischen. Salz und reichlich Pfeffer dazugeben, alles gut durchmischen.

Kleine Rollen formen (zum Beispiel 4 cm stark und 15 cm lang) und in Alufolie wickeln. Enden wurstförmig zusammendrehen, Rollen ins Tiefkühlfach legen.

Will man die Kräuterbutter gleich verwenden, nur kurz anziehen lassen. Tiefgekühlte Kräuterbutter sollte man am Tag vor der Verwendung in den Kühlschrank legen, damit sie taut.

Nussbutter

Nussbutter servieren wir im Gasthof Klinger zum hausgeräucherten Hirsch- oder Lammschinken. Die Zubereitung ist sehr einfach: ⅛ kg Butter schaumig rühren, 1 EL geriebene Walnüsse daruntermischen und mit Worcestersauce und Salz abschmecken. Eine Rolle formen und in Alufolie im Kühlschrank durchziehen lassen.

Schnelle Mayonnaise

In der Praxis eines kleinen Landwirtshauses, in dem alles frisch zubereitet wurde, hat meine Mutter in all den Jahren einige praktische Techniken entwickelt, wie die schnelle Mayonnaise von einem Eigelb, händisch aufgeschlagen in einem Joghurtbecher.

ZUTATEN

1 Eigelb
1 guter TL englischer Senf
Prise Salz
Pfeffer aus der Mühle
⅛ l Pflanzenöl

ZUBEREITUNG

Eigelb in einen Becher geben, Senf hinzufügen, salzen und pfeffern. Becher im Sitzen zwischen den Knien einklemmen und die Mischung mit einem kleinen Schneebesen kräftig versprudeln. Nach und nach Öl kreisend in einem dünnen Strahl dazugießen, weitersprudeln, bis die Mayonnaise die gewünschte Konsistenz hat.

Hedi: „Die Mayonnaise gelingt besser, wenn Eigelb und Öl zimmerwarm verarbeitet werden. Besonders einfach gelingt sie mit einem Stabmixer mit Schneebesen-Aufsatz und einem hohen Mixglas mit rundem Boden."

Hedis Sauce tartare

Hedis köstliche Sauce tartare ist eigentlich eine Remouladensauce ohne Kapern oder Sardellen. Die kleine Mühe bei der Zubereitung lohnt, denn eine gute Sauce tartare macht scheinbar banale Allerweltsgerichte wie Schinkenrolle, Mayonnaiseei oder auch gebackene Pilze zu wahren Delikatessen. Die Zubereitung ist einfach, es kommt aber, wie so oft, auf die Kleinigkeiten an.

ZUTATEN

½ EL fein gehackte Petersilie
½ EL fein gehackter Schnittlauch
1 Portion schnelle Mayonnaise (s.o.)
1 kleines Essiggurkerl
½ EL Gurkerlwasser
nach Wunsch 1 EL Sauerrahm
Salz
Pfeffer

ZUBEREITUNG

Petersilie und Schnittlauch in die Mayonnaise einrühren. Gurkerl fein hacken oder mit der Küchenreibe reiben und dazugeben, Gurkerlwasser hinzufügen. Mit Sauerrahm auf die gewünschte Konsistenz verdünnen und mit Salz und Pfeffer abschmecken.

Gemüsemayonnaise

Diese Gemüsemayonnaise, die traditionelle Fülle für Schinkenrolle, wird in Österreich meist „Französischer Salat" genannt, im Piemont heißt der ähnliche Antipasti-Klassiker „insalata russa".

ZUTATEN

200 g Karotten
150 g Knollensellerie
100 g junge Erbsen
Gemüsefond (s. S. 228)
1 mittelgroßer, säuerlicher Apfel
2 mittlere Essiggurkerl
Zitronensaft zum Marinieren
Mayonnaise nach Bedarf (s. S. 23)
Salz
Pfeffer
Gurkerlwasser zum Abschmecken

ZUBEREITUNG

Gemüse in 5 mm große Würfel schneiden. Karotten getrennt von Sellerie und Petersilwurzel kurz im Gemüsefond oder Wasser blanchieren. Erbsen ganz kurz blanchieren. Gemüsewürfel aus dem Sud heben und auskühlen lassen.

Apfel schälen, Gurkerl und Apfel würfeln, Apfel mit Zitronensaft marinieren, damit er nicht braun wird. Gemüse und Apfel mit Mayonnaise vermengen, mit Salz, Pfeffer und Gurkerlwasser abschmecken und im Kühlschrank mindestens 3 Stunden ziehen lassen.

Hedis Senfsauce

ZUTATEN

1 Portion Mayonnaise (s. S. 23)
1–2 TL englischer Senf oder Dijonsenf
½ TL Honig
Salz
Pfeffer
2 EL geschlagenes Obers
1 EL gehackte Dillspitzen

ZUBEREITUNG

Mayonnaise, Senf und Honig verrühren. Mit Salz und Pfeffer abschmecken. Geschlagenes Obers und gehackte Dillspitzen unterheben.

Hedi: „Diese fein süßliche Senfsauce serviert man traditionell zu gebeizten Fischen wie Lachsforelle oder Lachs. Nach dem Rezept auf S. 36 können Sie den Fisch ganz einfach selbst marinieren und beizen."

Curryoberssauce

Das ist Hedis Originalsauce zur Schinkenrolle mit Spargel (s. S. 35). Mit gehackten, gekochten Eiern kann man sie zu einem herrlichen Aufstrich verarbeiten und als Kinder haben wir sie auch sehr gerne zu Fleischfondue gegessen.

ZUTATEN
1 gestrichener TL Curry
Salz
⅛ l Schlagobers
1 Portion Mayonnaise (s. S. 23)

ZUBEREITUNG
Currypulver und eine Prise Salz in das Schlagobers rühren.

Obers aufschlagen und unter die Mayonnaise ziehen, mit Salz abschmecken.

Schinkenrolle und Curryoberssauce

Mayonnaise-Ei

Unter dem Namen „Russisches Ei" wurde dieses kalte Schmankerl im Gasthof Klinger zu einem beliebten Hausklassiker der siebziger und achtziger Jahre. Bei diesem einfach klingenden Rezept kommt es auf die Details an wie schön wachsweich gekochte Eier und Hedis unvergleichliche Sauce tartare (s. S. 23).

Etwas jünger als der Klassiker, aber mindestens ebenso gut ist die vegetarische Variante im Bild links mit Gemüsemayonnaise (s. S. 24) statt Leberkäse oder Extrawurst.

ZUTATEN FÜR 1 PORTION

1 wachsweich gekochtes Ei

100 g kalter, dünn aufgeschnittener Leberkäse oder Extrawurst

1 EL Mayonnaise (s. S. 23)

1 Portion Sauce tartare (s. S. 23)

Blattsalat nach Wahl

Schnittlauch

GETRÄNKE-TIPP

In unserem Wirtshaus trinken 80 % der Gäste ein Pils zu diesem Gericht, und das passt perfekt. Sie können zu solchen Schmankerln aber auch einmal eine herrlich prickelnde Sekt-Reserve aus traditioneller Flaschengärung von einem unserer Schaumwein-Pioniere probieren. Sekt ist einer der vielfältigsten Speisenbegleiter.

ZUBEREITUNG

Ei halbieren. Leberkäse oder Extrawurst in etwa 3 mm breite Streifen schneiden und mit Mayonnaise vermengen. Auf einer Hälfte eines großen Tellers in einer Art Sockel anrichten.

Eierhälften mit dem Gelb nach unten nebeneinander daraufsetzen. Eier mit Sauce tartare überziehen.

Auf der anderen Tellerhälfte einen kleinen Blattsalat (wahlweise mit ein paar Tomatenspalten) anhäufen. Eier und Salat mit fein geschnittenem Schnittlauch bestreuen und servieren.

Essigwurst

Wehe, wenn ich Extrawurst in Essig und Öl sehe! Eine richtige Essigwurst macht man mit Knacker, manche sagen sogar Speckknacker mit kleinen Würferln von grünem Speck, die weiß sind.

Die Knackwurst schneidet man schräg und gleichmäßig in Scheiben. Ich mag sie nicht zu dünn, denn dann hätte man ja erst wieder Extrawurst-Haptik. Also etwa 2–3 mm dick. Die Scheiben legt man in einem halbrunden Kranz auf einen länglichen Teller. Darüber drapiert man in feine Lamellen geschnittene Zwiebel – eine halbe mittlerer Größe pro Knacker. Wenn sie rot ist, schmeckt's mir noch besser.

Die Marinade besteht aus etwa gleichen Teilen Essig und Öl. Wer's schärfer mag, nimmt mehr Essig. Senf in der Marinade ist nicht klassisch, aber auch nicht verpönt. Die Klassiker waren in meiner Kindheit Bona-Öl und Hesperiden-Essig. Die geben den wahren Geschmack, wie beim Erdäpfelsalat. Man kann auch etwas Rindsuppe dazumischen. Jedenfalls aber mit Salz und Pfeffer würzen.

Mit Achteln von wachsweichen Eiern, in Ringe geschnittenen grünen, roten und gelben Paprika und im Sommer auch mit Paradeiser-Spalten kann die Essigwurst zur „Spezialessigwurst" auffrisiert werden. Die beste gab es früher im Büffet der Volksgartensauna in Salzburg.

Einzig wahre Beilage: zwei knusprige Kaisersemmeln. Eine zum Dazuessen, die zweite zum Auftunken der Marinade. Und natürlich eine perfekt gezapfte Halbe Bier, die in Wien „Krügerl" heißt.

Schweinsbackerlsulz

ZUTATEN FÜR 10 PORTIONEN

Salz

1 kg Schweinsbackerl

300 g Wurzelwerk (Karotten, Sellerie, Petersilwurzel)

80 g Lauch

50 g Staudensellerie

1 Schalotte oder 1 kleine Zwiebel

1 große Knoblauchzehe

Petersilie (viel Stängelanteil)

12 Pfefferkörner

5 Pimentkörner

4 Muskatblüten

1 Lorbeerblatt

für ½ l Flüssigkeit 6 kleine Blätter Gelatine

Apfelessig, Kürbiskernöl und rote Zwiebel zum Servieren

ZUBEREITUNG

1 ¼ l Wasser in einem Kochtopf zustellen, gut salzen und aufkochen. Fleisch einlegen, wieder aufkochen, Schaum abschöpfen, zurückschalten und 15 Minuten köcheln lassen.

Währenddessen Karotten halbieren, restliches Gemüse, Zwiebel, Knoblauch und Petersilie grob schneiden. Gemüse und Gewürze zum Fleisch geben. Je nach Größe der Backerl ½–¾ Stunde weiter köcheln lassen. Wenn das Fleisch weich ist, Fleisch und Karotten herausnehmen, würfelig schneiden. Suppe abseihen. Gelatine in einen kleinen Topf geben, mit Wasser bedecken und einweichen. Ausdrücken, in die heiße Suppe geben und verrühren.

Eine Form mit Frischhaltefolie auslegen, Karotten- und Fleischstücke mit der Suppe vermengen und in die Form füllen. Darauf achten, dass die Form schön voll ist und keine Luftblasen bleiben. Folie oben verschließen, Form in Alufolie wickeln und mit einem Brett o. Ä. beschwert über Nacht in den Kühlschrank stellen. Dünn aufgeschnitten (ca. 8 mm) mit Apfelessig, Kürbiskernöl und roter Zwiebel servieren.

Die Selchkammer

Früher hatte fast jedes Bauernhaus eine Selchkammer. Räuchern oder „selchen", wie wir sagen, war neben dem „Einsuren" (Pökeln) die wichtigste Form der Haltbarmachung von Fleisch.

Beim Huber in Aisterheim brachte man das Fleisch zum Selchen zur Wiesmüller-Verwandtschaft ins Nachbarhaus. Die Selch war im Dachboden und wurde vom Keller aus geheizt. Beim „Wirt z'Irding", wie unser Gasthof im Gaspoltshofener Ortsteil Jeding früher hieß, ließ man auch im benachbarten Bauernhof, beim „Irdinger", selchen.

Geräuchert wurde ausschließlich Schweinernes: ein ganzer Bauch, der Schluss oder die vorderen Stelzen. Meine Mutter lernte in der Haushaltungsschule in Weyregg auch die Zubereitung und das Selchen von Blutwürsten. Der Rückenspeck der damals noch viel fetteren Schweine wurde nicht geselcht, sondern hauptsächlich zu Grammeln ausgelassen.

Im Gasthof Klinger machen wir im Herbst traditionell einen Rohschinken vom Hirschkalb. Er wird im Haus eingesurt und entweder von Tante Marianne in der Nachbargemeinde Bachmanning oder von einem Jagdkollegen meines Bruders Wolfgang im Ort geräuchert.

Vogerlsalat *mit* Speck

Wer mag, fügt der Marinade für diesen einfachen Vorspeisensalat etwas Knoblauch hinzu. Für Vegetarier lässt man den Speck weg und nimmt stattdessen mit Knoblauch in Butter geröstete Weiß- oder Schwarzbrotwürfel („Croûtons").

Einen „steirischen" Charakter bekommt dieser Salat mit einem guten Kürbiskernöl.

ZUTATEN

1 Knoblauchzehe
400 g Vogerlsalat
Salz
200 g Bauchspeck in Scheiben
1 EL Rotweinessig
3 EL Pflanzenöl oder Kürbiskernöl
Pfeffer

WEIN-TIPP

Wer Wein zum Salat will, hat Durst und trinkt einen kräftigen Schluck – zu leichtgewichtig darf's aber wegen des Specks nicht sein, ein junger mittelkräftiger Grüner Veltliner Weinviertel DAC bietet einen erfrischenden Abgang.

ZUBEREITUNG

Knoblauchzehe halbieren. Entweder Salatschüssel innen oder die Teller mit den Knoblauchhälften einreiben. Vogerlsalat trocken leicht salzen und gut durchmischen, auf kleinen Tellern anrichten.

Bauchspeck in einer beschichteten Pfanne knusprig braten und auf Küchenkrepp auslegen.

Speckfett mit Rotweinessig ablöschen und vom Feuer nehmen. Öl dazugeben, salzen, pfeffern und gut durchmischen. Über den Vogerlsalat gießen und mit den Speckkrusteln garnieren.

→ Salat mit Kirschparadeisern garnieren.

Sommersalat *mit eingelegtem Ziegenkäse*

Diesen frischen Salat für die warme Jahreszeit kann man nur mit Rucola oder mit verschiedenen Blattsalaten von Häuptelsalat über Batavia, Romana, Frisée, Eichblatt, Lollo Rosso oder Radicchio machen. Auch eine reife Tomate pro Portion macht sich gut.

ZUTATEN

ZIEGENFRISCHKÄSE
4 kleine Laibchen Ziegenfrischkäse
frischer Thymian
frischer Rosmarin
2–3 Pfefferschoten
Olivenöl

SALAT
Rucola oder gemischte Blattsalate
4 mittlere Tomaten
3 EL Olivenöl
1 EL Rotweinessig
Salz
Pfeffer

Baguette oder Kornbrot

WEIN-TIPP

Ein junger, feingliedriger Grüner Veltliner, zum Beispiel aus dem Traisental, oder ein frischer Sauvignon aus der Südsteiermark.

ZUBEREITUNG

Ziegenfrischkäse mit frischem Thymian und Rosmarin in ein entsprechend großes Einmachglas legen. Halbierte Pfefferschoten dazugeben und das Glas mit Olivenöl auffüllen. Mindestens 1 Woche im Kühlschrank ziehen lassen.

Blattsalate und in Achtel geschnittene Tomaten vor dem Marinieren leicht salzen und gut durchmischen. Olivenöl und Rotweinessig in einer Schüssel mit wenig Salz und etwas Pfeffer mit dem Schneebesen verschlagen und den Salat damit abmischen. Auf Tellern anrichten, mit Ziegenkäsestücken garnieren und mit knusprigem Baguette oder Kornbrot servieren.

Hedi: „Sie können die Würzung des Käses nach eigenen Wünschen variieren. Mit gehackten Knoblauchzehen, Rosmarin und Thymian bekommt er eine mediterrane Note. So lange mir unsere Ziegenbäuerin Margarita Gruber aus Öldenberg bei Wolfsegg ihren eingelegten Käse liefert, habe ich keine Arbeit. Sie macht den besten!"

Schinkenrolle *mit Spargel und Curryoberssauce*

Schinkenrollen gibt es in vielen Cafés und Gasthäusern. Oft werden dafür Fertigmayonnaise und Dosengemüse verwendet. Entsprechend banal ist das Ergebnis.

Dabei ist eine sorgfältig zubereitete Schinkenrolle eine herrliche Vorspeise oder ein g'schmackiges Zwischengericht. Schinkenrolle gab es bei uns entweder mit Gemüsemayonnaise (Rezept s. S. 24) oder im Frühling mit Spargel gefüllt. Man kann dafür sowohl weißen als auch grünen Spargel nehmen.

ZUTATEN

4 Stangen dünner weißer Spargel, geschält und gekocht

4 Stangen grüner Spargel, zugeputzt und gekocht

4 Scheiben dünn geschnittener Rauchschinken

4 EL Curryoberssauce (s. S. 25)

fein gemischter marinierter Blattsalat mit Schnittlauch als Garnitur

Kerbel zum Garnieren

WEIN-TIPP

Ein lebendiger Weißburgunder, durchaus mit Körper und 2–3 Jahren Flaschenreife, oder Grauburgunder aus dem Vulkanland Steiermark, zum Beispiel als Ortswein aus Straden.

ZUBEREITUNG

Spargel auskühlen lassen. 1 Scheibe Schinken auf eine flache Unterlage legen. 2 Spargelstangen in den Schinken eindrehen, sodass die Spitzen etwa 5 cm herausragen.

Curryoberssauce mittig auf den Schinken setzen. Klassisch marinierte Blattsalatgarnitur an die Schinkenrolle legen. Salat mit Schnittlauch, Curryoberssauce mit etwas Kerbel bestreuen und servieren.

→ Als Variante Schinkenrolle mit Gemüsemayonnaise (s. S. 24) füllen und mit Oberskren oder Sauce tartare (s. S. 23) garnieren.

Bild auf Seite 25

Hausgebeizte Lachsforelle

Man findet viele verschiedene Rezepte auf der Basis von Gravlax, darunter solche mit Wodka, süßem oder dunklem Senf, Orangenscheiben, Wacholderbeeren, Weinessig, ja sogar mit Pökelsalz und so fort. Mir ist die puristische Zubereitungsart am liebsten. Das Rezept ist sehr einfach, nur das Herauszupfen der Gräten ist ein Geduldspiel.

ZUTATEN
800 g Lachsforellenfilets
(2 große oder 3 mittlere Filets)
2 EL Olivenöl pro Filet
frischer Dill
frische Petersilie

GEWÜRZMISCHUNG
15 Korianderkörner
1 Teil Kristallzucker
(Variante: brauner Zucker)
2 Teile Salz (am besten Meersalz oder Steinsalz)

GETRÄNKE-TIPP
Ein junger, trockener, nicht zu fruchtiger, mittelgewichtiger Riesling, zum Beispiel Wachau Federspiel, Kremstal oder Kamptal DAC, aber auch Grüner Veltliner ähnlichen Typs oder ein herbes Pils.

ZUBEREITUNG
Korianderkörner im Mörser zerstoßen oder in einer Gewürzmühle mahlen und mit Zucker und Salz mischen.

Zum Entgräten der Filets mit 2 Fingern gegen die Grätenrichtung streichen und die Grätenenden aufstellen. Dann mit einer Pinzette in die Richtung zupfen, in die die Gräten zeigen (sonst zerfurcht man die Filets).

Filetoberseiten mit der Gewürzmischung einreiben und in eine Auflaufform oder eine Glasschüssel legen. Mit Olivenöl übergießen und gut mit gehackter Petersilie und Dill bedecken. Mit Klarsichtfolie abdecken, etwas ziehen lassen. Anschließend mindestens 1 bis maximal 4 Tage in den Kühlschrank stellen.

Zum Servieren die Filets aus der Schüssel nehmen, säubern und zuputzen (Bauchlappen wegschneiden, Haut abziehen). Nach Wunsch dünn als Carpaccio oder quer in etwa 1 cm dicke Tranchen wie ein Zarenlachsfilet aufschneiden.

→ Zitronenspalten und Senfsauce von S. 24 dazu servieren.

→ Das Rezept funktioniert auch mit Saibling, Eismeersaibling oder Lachs.

SUPPEN

Unsere Vorspeisen waren Suppen – ich weiß nicht, wann ich zum ersten Mal eine Vorspeise gegessen habe. Normalerweise gab es immer nur ein Gericht, besonders wochentags. Das konnte auch eine deftige Suppe sein: Beuschlsuppe, Hasensuppe, Hühnereinmachsuppe oder eine Rahmsupp'n mit gerösteten Schwarzbrotschnitteln.

Am Sonntag jedoch wurde die Rindsuppe mit Einlage als Vorspeise auf den Tisch gestellt. Jeder konnte sich je nach Hunger auch zweimal nehmen. Nach der Hauptspeise folgte an Festtagen gelegentlich auch ein süßer Abschluss.

Auch die klassischen dreigängigen Festessen begannen stets mit der Suppe. Noch heute wird bei einem Hochzeitsmahl oder einem Leichenschmaus in den Sälen der Kirchenwirte bei uns in Oberösterreich die Suppe in großen Schüsseln mit einem Schöpflöffel auf den Tisch gestellt und einer übernimmt das Austeilen, bevor die Schüssel weitergereicht wird. Kein Wunder, dass das Suppenrepertoire in Oberösterreich dementsprechend reichhaltig ist.

Grießnockerl

Da Eier in der Größe variieren, richtet sich bei diesem Rezept die Menge der Butter und des Grießes nach dem Gewicht des Eis, damit das Verhältnis stimmt. Man spricht daher von „eischwer". Bei uns müssen ideale Grießnockerl nach dem Kochen innen einen kleinen buttergelben „Stern" haben, das heißt sie bleiben im Kern grießig-trocken.

ZUTATEN FÜR 8 NOCKERL

1 eischwer zimmerwarme Butter
1 zimmertemperiertes Ei
2 eischwer Grieß
Salz
Muskatnuss

ZUBEREITUNG

Butter schaumig rühren. Ei gut verschlagen und unter die Butter rühren. Das geht leichter, wenn man etwas Grieß dazugibt. Würzen und restlichen Grieß einrühren.

Sofort mit einem feuchten Esslöffel und der feuchten Handfläche Nockerl formen und 15 Minuten rasten lassen. In reichlich Salzwasser 10 Minuten leicht wallend kochen.

½ l kaltes Wasser in den Topf geben (abschrecken) und die Nockerl zugedeckt 15 Minuten ziehen lassen.

→ Mit Rindsuppe servieren (s. S. 229).

Der Stammgast
Thomas Bernhard

Anfang der achtziger Jahre studierte ich in Wien Schauspiel. Als ich einmal heim in unser Wirtshaus kam, sah ich an Tisch eins keinen Geringeren als Thomas Bernhard. Ich meldete es meinem Vater, doch der meinte nur: „Ja, der kimmt eh öfter!"

Jetzt musste der Schauspielschüler natürlich das Heft in die Hand nehmen. Ich begrüßte den großen Dichter und nahm die Bestellung auf. Bernhard orderte Schweinsbraten und fragte, ob er statt des Mehlknödels einen Semmelknödel haben könne. Als die Küche keinen liefern konnte, ging ich zerknirscht zum Bernhard-Tisch und verlieh in bestem Bühnendeutsch meinem Bedauern Ausdruck: „Herr Bernhard, mit dem von Ihnen gewünschten Semmelknödel haben wir leider Schwierigkeiten!" Noch heute ziehen mich meine Geschwister gelegentlich mit diesem geschraubten Satz auf.

Bernhard kehrte damals oft bei uns ein, wenn er in seinem Bauernhof in Ohlsdorf weilte. Er reservierte nie. Wenn nichts frei war, setzte er sich an den Stammtisch und plauderte mit den Leuten. Der Stammgast Hannes Holzinger, ein Innviertler Original, ging dann als „Direktor Holzinger" im Stück Elisabeth II. in die Weltliteratur ein.

Einmal hastete ich an einem Samstag über den Wiener Kohlmarkt, als ich durch ein lautes „Ha!" aufgeschreckt wurde. Es war Thomas Bernhard, der mich unter den Passanten ausgemacht hatte und einlud: „Der raffinierte Wirt aus Gaspoltshofen! Kommen S', gemma auf an Kaffee in den Bräunerhof!" Unsere gelegentlichen Gespräche drehten sich weniger um Literatur als um Kulinarik. Schließlich wurde am 17. August 1985 der „Theatermacher" im Burgtheater uraufgeführt, mit unserer Frittatensuppe in einer Hauptrolle.

Bild oben: Thomas Bernhard auf der Bank beim Gasthof Klinger

Bild unten: Thomas Bernhard posiert für Renate von Mangoldt vor unserem Gasthof.

Frittatensuppe

„Im Grunde existiere ich / auf der ganzen Tournee schon / von nichts anderem als von der Frittatensuppe / In Gaspoltshofen / schmeckte sie ganz und gar außerordentlich / kaum Fettaugen", sagt der Hauptdarsteller Bruscon in Thomas Bernhards Stück „Der Theatermacher". Der Ort Gaspoltshofen wird darin 43 Mal genannt, und die Frittatensuppe mutiert in bester Bernhard'scher Übertreibungskunst zum Running Gag.

Nach der Uraufführung des Stücks bei den Salzburger Festspielen entwickelte sich eine Art „Frittatensuppen-Tourismus" in unser Wirtshaus nach Gaspoltshofen, der sich in der Zeit nach Bernhards Tod noch verstärkte. Mein Vater musste nicht nur einmal angereisten Literaturwissenschaftlern seine Begegnungen mit Thomas Bernhard schildern.

Dabei findet meine Mutter, dass das Theater um unsere Frittatensuppe reichlich übertrieben ist. Aber gut ist sie schon allein deswegen, weil unsere Palatschinken so sind, wie sie gehören.

ZUBEREITUNG
Für gute Frittaten braucht man gute Palatschinken (Rezept s. S. 188). Diese werden feinnudelig geschnitten und so zur klassischen Suppeneinlage. Sie sind umso besser, je frischer sie sind. Mit Rindsuppe servieren (s. S. 229).

Butternockerl

Bei privaten Familienfeiern, zum Beispiel zu Weihnachten, gibt es bei uns vor dem eigentlichen Essen meistens eine klare Rindsuppe. Die Esser sitzen dann dicht gedrängt am Küchentisch, während Mama und meine Schwägerin Monika noch mit dem Braten und den Beilagen beschäftigt sind.

So alltägliche Suppeneinlagen wie Grieß- oder Butternockerl findet man in jedem österreichischen Kochbuch. Hier ist eines der seltenen Rezepte für wirklich gute Butternockerl.

ZUTATEN FÜR 10 NOCKERL

50 g Butter

2 große Eier

Salz

Muskatnuss

100 g griffiges Mehl

Rindsuppe (s. S. 229) oder Salzwasser zum Kochen

ZUBEREITUNG

Butter und Eier zimmerwarm werden lassen und dann rasch gut vermischen. Salzen und etwas Muskatnuss darüberreiben. Mehl einrühren, alles gut vermengen. Mindestens 30 Minuten rasten lassen.

Mit einem kleinen Suppenlöffel nicht zu große Nockerl ausstechen (sie gehen beim Kochen auf) und in leicht wallendes Salzwasser oder Suppe einlegen. Zugedeckt ca. 5 Minuten leicht köcheln, bis sie an der Oberfläche schwimmen. Vom Feuer nehmen und 5 Minuten ziehen lassen.

→ Mit Rindsuppe servieren (s. S. 229), gegebenenfalls in der Suppe, in der sie gekocht wurden.

Hedi: „Knödel und Nockerl, wenn sie fertig gekocht sind, immer zugedeckt nachziehen lassen. Sie dürfen dabei jedoch nicht wieder untergehen."

Suppen
DIE KLASSISCHEN

Entenlebernockerl

Zur Ganslzeit im Herbst gibt es im Gasthof Klinger oft Enten- oder Gansllebernockerl als saisonale Einlage für Rindsuppe, Enten- oder Gansljunges (Rezept s. S. 58). Das Rezept funktioniert aber auch mit Kalbs- oder Hühnerleber. Da man die Nockerl gut einfrieren kann, macht man am besten gleich etwas mehr davon. Man kann ein oder zwei Nockerl pro Teller anrichten.

ZUTATEN FÜR CA. 20 NOCKERL

200 g altbackene Semmeln

12 g Salz

Pfeffer

Muskatnuss

10 g Majoran

½ EL gehackte Petersilie

50 g rote Zwiebel

50 g Butter

⅛ l Milch

150 g geputzte Entenleber

1 großes Ei

ca. 25 g Mehl

1 ½ l Rindsuppe (s. S. 229) oder Wasser mit gekörnter Brühe

ZUBEREITUNG

Die Semmeln kleinwürfelig schneiden (5 mm) und in einer Schüssel mit Salz, Pfeffer, Muskatnuss, Majoran und Petersilie vermischen.

Zwiebel fein hacken, in der Butter goldgelb anschwitzen, vom Feuer nehmen, mit der Milch ablöschen. Lebern und Ei in den Mixer geben, Zwiebel-Milch über die Lebern gießen. Alles fein mixen.

Masse über die gewürzten Semmelwürfel gießen. Gut durchmischen, die Lebermasse gut einarbeiten. Konsistenz mit Mehl regulieren: Die Masse muss gerade so weich sein, dass die Nockerl schön flaumig werden, aber die Form halten.

Rindsuppe oder Wasser aufkochen. Mit einem kleinen Suppenlöffel rasch Nockerl formen und in die Suppe geben. Zurückschalten, Nockerl sanft wallend köcheln, bis sie an die Oberfläche steigen. Topf vom Feuer nehmen, zudecken und 5 Minuten ziehen lassen, ohne dass die Nockerl wieder untergehen.

→ Mit Rindsuppe servieren (s. S. 229), gegebenenfalls in der Suppe, in der sie gekocht wurden.

Gebackene Leberknödel

Leberknödel gelten von Wien bis Bayern als klassische Rindsuppeneinlage. Bei uns in Oberösterreich, aber auch im benachbarten Salzburg bis in den Chiemgau hinein, ist die gebackene Variante heimisch. Für mich ist der Geschmack dieser frisch im Schweineschmalz herausgebackenen kleinen Schmankerl eine köstliche Kindheitserinnerung: Die Humer-Tant, eine Schwester meiner Großmutter mütterlicherseits, hatte in eine Fleischhauerei eingeheiratet. Wenn wir Buben beim Humer-Metzger hinten im Hof Fußball spielten, roch man den Duft der gebackenen Leberknödel verlockend aus der Küche heraus. Die Humer-Tant richtete sie täglich noch pfannenheiß pyramidenförmig auf ein Blech, und ehe sie in der Fleischbank, dem Verkaufsraum, platziert wurden, durften wir uns hin und wieder einen Knödel nehmen. Dafür hätten wir alle möglichen Spezialitäten stehen lassen. Im Bild v. li. n.re.: Hedis Mutter, die Humer-Tant, die Pepi-Tant, die Tante Pepperl (ganz rechts) und wir Enkerl.

ZUTATEN FÜR 12 KNÖDEL

- 200 g Knödelbrot
- 1 gestrichener KL Majoran
- 1 KL gehackte Petersilie
- Salz
- Pfeffer
- 1 fein gehackte kleine weiße Zwiebel
- 1 EL Butterschmalz
- ¼ l Milch
- 1 großes Ei
- 150 g faschierte Schweins- oder Rindsleber
- 500 g Schweineschmalz zum Herausbacken

ZUBEREITUNG

Knödelbrot in einer Schüssel mit Gewürzen, Majoran und Petersilie vermischen. Zwiebel in Butterschmalz goldgelb rösten, mit Milch aufgießen, Ei in die Zwiebel-Milch-Mischung einschlagen und die Mischung über das Knödelbrot gießen. Alles gut durchmischen und die faschierte Leber daruntermischen.

Masse durch die feinste Scheibe des Fleischwolfs drehen, damit sie eine feine Struktur bekommt.

Mit einem Löffel oder einem Eisportionierer kleine Kugeln formen, mit der Hand nachdrehen und im heißen Schweineschmalz schwimmend ca. 8 Minuten langsam herausbacken. Die Temperatur muss heiß, aber nicht zu heiß sein, sodass die Leberknödel nicht nur außen braun und knusprig, sondern auch innen durch werden.

→ Mit Rindsuppe servieren (s. S. 229).

Milzschnitten

Wenn Mama Milzschnitten machte, ließ sie die im Schmalz herausgebackenen Schnitten auf Küchenpapier abtropfen. Dann durften wir ihr immer eine stibitzen, noch bevor sie in die Suppe kamen.

ZUTATEN FÜR CA. 50 SCHNITTEN

1 Kalbsmilz
1 fein gehackte Zwiebel
120 g zimmerwarme Butter
3 Eiweiß
3 Eigelb
Salz
Pfeffer
1 gestrichener KL Majoran
1 KL gehackte Petersilie
5–6 Semmeln oder 1 weißer Wecken vom Vortag
Schweineschmalz zum Herausbacken

ZUBEREITUNG

Kalbsmilz mit dem Schnitzelklopfer leicht plattieren. In der Waagrechten durchschneiden und das Innere der Milz aus dem Zwischengewebe so vorsichtig ausschaben, dass kein Gewebe in die Masse hineingerät.

Zwiebel in etwas Butter anschwitzen. Eiweiß zu Schnee schlagen. Eigelb mit restlicher Butter schaumig rühren. Mit Salz, Pfeffer und Majoran würzen, Petersilie, angeschwitzte Zwiebel und die geschabte Milz dazugeben. Eischnee unterziehen.

Semmeln oder Wecken in 1 cm dicke Scheiben schneiden. Die schaumige Milzmasse mit einem Löffel über die Scheiben ziehen, sodass eine schöne Haube entsteht. Zuerst mit der bestrichenen Seite nach unten schwimmend in heißem Schweineschmalz herausbacken. Nach ca. 2–3 Minuten wenden und schön kross fertigbacken.

→ Mit Rindsuppe servieren (s. S. 229).

Hedi: „Von einer ganzen Kalbsmilz bekommt man ca. 250 g geschabte Milz für etwa 50 Milzschnitten. Da das Ausschaben ein bisschen aufwändig ist, lohnt es sich, gleich die ganze Menge zu verarbeiten, herauszubacken und einen Teil auf Vorrat einzufrieren."

Kürbiscremesuppe

Diese samtige Suppe wärmt den Magen an kalten Novembertagen und wird mit gerösteten Kürbiskernen und bestem, kaltgepresstem Kernöl zu einem herbstlichen Gruß aus der Steiermark.

ZUTATEN

400 g Kürbis

15 g Butter

½ l Gemüsefond (s. S. 226), Rindsuppe oder Hühnerfond (s. S. 229)

gemahlener Kümmel

Salz

⅛ l Schlagobers

1 kleines Stück frischer Ingwer (fakultativ)

geröstete Kürbiskerne

4 EL steirisches Kürbiskernöl g.g.A.

ZUBEREITUNG

Kürbis schälen, in Stücke schneiden und in Butter anschwitzen. Mit heißer Suppe angießen, Kümmel dazugeben, salzen und ca. 25 Minuten kochen, bis der Kürbis weich ist.

Obers dazugeben und die Suppe im Mixer oder mit dem Stabmixer pürieren. Zum Schluss noch einmal aufkochen und den fein geriebenen Ingwer einrühren. In Suppenteller füllen und mit gerösteten Kürbiskernen und je 1 Esslöffel bestem Kürbiskernöl garnieren.

Hedi: „Ich nehme für Kürbiscremesuppe gerne nussigen Hokkaido-, würzigen Muskat- oder den helleren, zarten Butternusskürbis. Etwas kräftiger schmeckt die Suppe, wenn man vor der Beigabe der Kürbisstücke etwas fein gehackte Zwiebel in der Butter anschwitzt. Der Ingwer zum Schluss ist zwar nicht traditionell, aber er verleiht dieser Samtsuppe einen Schuss exotische Frische."

Knoblauchsuppe

Diese einfach herzustellende, pikante Cremesuppe war in den achtziger Jahren bei den Stammgästen im Gasthof Klinger sehr beliebt. Wichtig ist, dass die Croûtons frisch geröstet werden, damit sie nicht zäh, sondern schön knusprig sind.

ZUTATEN

⅛ l Schlagobers
⅛ l Sauerrahm
4 Knoblauchzehen
3 Scheiben Toast- oder Schwarzbrot (ca. 1 cm dick)
Butter zum Rösten
helle Einbrenn von 1 EL Mehl (s. S. 226)
1 l feiner Gemüsefond (s. S. 226), ersatzweise Rindsuppe oder Hühnerfond (s. S. 229)
Salz
4 EL geschlagenes Obers

ZUBEREITUNG

Schlagobers und Sauerrahm verquirlen. Knoblauch schälen, halbieren und grüne Keime entfernen. Brot entrinden, in Würfel (1 cm) schneiden und in wenig aufschäumender Butter goldgelb rösten. Staubtrockene helle Einbrenn mit heißem Fond aufgießen, salzen, gut durchkochen und zum Schluss das Rahmgemisch mit dem Schneebesen einrühren. Kurz aufkochen.

In 4 vorgewärmte Suppentassen je 2 halbe Knoblauchzehen hineinpressen, mit der fertigen Suppe übergießen, obenauf frische Croûtons geben und je ein Obershauberl draufsetzen. Sofort servieren.

Hedi: „Einen schnellen Gemüsefond kann man auch ganz einfach aus zwei, drei Karotten und zwei, drei Stangen Staudensellerie oder der entsprechende Menge Knollensellerie und zwei angedrückten Knoblauchzehen machen. Gemüse grob schneiden und 20 Minuten in 1,5 l Salzwasser kochen – fertig!"

Feine Gemüsesuppe

ZUTATEN

2 l Gemüsefond (s. S. 228)

250 g Karotten

250 g Kohlrabi

200 g Sellerieknolle

100 g Lauch (vom hellgrünen Teil)

100 g Karfiol

100 g Brokkoli

helle Einbrenn von 50 g Butter und 100 g Mehl (s. S. 226)

4 Petersilienstängel ohne Blätter

100 g Erbsen (frisch oder tiefgekühlt)

Salz

Muskatnuss

1 EL fein gehackte Petersilie

ZUBEREITUNG

Gemüsefond zum Kochen bringen. Inzwischen Karotten, Kohlrabi, Sellerie und Lauch in feine Streifen schneiden (Julienne). Zuerst Karotten, dann Kohlrabi und Sellerie, zum Schluss Lauch in die kochende Suppe geben. Karfiol und Brokkoli extra in Salzwasser kochen und bereithalten.

Helle Einbrenn in ganz wenig lauwarmem Wasser auflösen, mit einem Teil der Gemüsesuppe mit etwas Gemüse aufgießen und im Mixer sämig mixen. Wieder zur Gemüsesuppe gießen, Petersilienstiele dazugeben und gut aufkochen lassen.

Knackig vorgekochten Brokkoli und Karfiol in kleine Roserl schneiden, mit den Erbsen in die Suppe geben und nur noch sanft ziehen lassen. Mit Salz und geriebener Muskatnuss abschmecken.

Petersilienstängel aus der Suppe nehmen, frisch gehackte Petersilie zur Suppe geben und kurz mitziehen lassen.

→ Man kann sich die Arbeit erleichtern und das Wurzelgemüse durch die Küchenmaschine lassen, um die Julienne zu erzeugen.

Hedi: „Man kann die Suppe auch mit etwas Schlagobers verfeinern. Will man einen mediterran-sommerlichen Charakter, empfehlen sich Thymian oder frischer Majoran. Im Winter nehme ich Kartoffeln dazu und schneide das Gemüse eher gröber würfelig. Am Schluss nehme ich statt Karfiol und Brokkoli in Streifen geschnittenes Stöcklkraut, das der Suppe eine wohlige Deftigkeit verleiht."

Spargelsamtsuppe

Hedis Spargelsamtsuppe wird durch die Hühnerkarkassen besonders geschmackvoll. Für Vegetarier lässt man diese weg und macht die Suppe nur mit Gemüsefond und den Spargelschalen und -abschnitten.

ZUTATEN FÜR 8 PORTIONEN

1 kg weißer Spargel (etwa 2 cm dick)

500 g Hühnerkarkassen von der Brust

1 l feiner Gemüsefond (s. S. 228) oder Wasser mit gekörnter Gemüsebrühe

1 gestrichener EL Zucker

30 g Butter

Salz

1/16 l trockener Weißwein

2 EL helle Einbrenn (s. S. 226)

¼ l Schlagobers

weißer Pfeffer

1 MS Currypulver (fakultativ)

1 KL gehackter frischer Kerbel oder Schnittlauch

ZUBEREITUNG

Spargelstangen schälen (s. S. 82) und unten gleichschneiden. Schalen und Abschnitte mit den Hühnerkarkassen in einen Topf geben und mit dem Gemüsefond oder der gekörnten Gemüsebrühe aufgießen. 1 Stunde köcheln lassen.

Inzwischen Spargel mit Zucker und Butter in Salzwasser in einem zweiten Topf bissfest kochen. Herausheben und die Spitzen etwa 3 cm lang abschneiden. Die restlichen Stangen halbieren. Die obere Hälfte in 1 cm lange Röllchen schneiden. Mit den Spitzen für die Einlage bereithalten. Den unteren Teil der Stangen grob schneiden und ebenfalls bereithalten.

Gemüsefond abseihen (Schalen, Abschnitte und Karkassen wegwerfen) und zum Spargelkochwasser geben. Weißwein, helle Einbrenn und die unteren Spargelstücke dazugeben, kurz aufkochen.

Im Mixer pürieren und durch ein Sieb in einen Topf passieren. Hälfte des Schlagobers und die Spargelröllchen dazugeben, mit Salz, weißem Pfeffer und ggf. Currypulver würzen und aufkochen.

Das restliche Obers schlagen. Die Spargelspitzen gleichmäßig auf heiße Teller oder Tassen verteilen und mit Suppe übergießen. Je 1 Obershauberl draufsetzen und mit gehacktem Kerbel oder Schnittlauch bestreuen.

Hedi: „Mit einigen Spitzen von grünem Spargel als Einlage bekommt die Suppe einen gemüsigeren Charakter."

Entenjunges

Enten- oder Gänseklein heißt in Österreich Enten- oder Gansljunges. Man versteht darunter sowohl die Zutaten – das fleischarme Rückenstück, Flügel, Kopf, Kragen sowie Herz und Magen des Geflügels – als auch das daraus zubereitete Suppengericht.

ZUTATEN FÜR 8 PORTIONEN

200 g Karotten
100 g Sellerie
100 g Petersilwurzel
1,5 kg Gänse- oder Entenklein
20 Pfefferkörner
5 Pimentkörner
1 Zweig Liebstöckel
3 Muskatblüten (oder geriebene Muskatnuss)
5 Petersilienstängel (davon 2 gehackt als Einlage)
trockene Einbrenn (s. S. 226)
2 größere Zwiebeln
Zesten von ½ unbehandelten Bio-Zitrone
¼ l Weißwein

ZUBEREITUNG

Wurzelgemüse grob schneiden. Gansl- oder Entenklein gut waschen und mit Wasser aufstellen, sodass das Wasser das Entenklein um 5 cm überragt. Wurzelgemüse und Zwiebelschalen dazugeben. Gewürze und 3 Petersilienstängel dazugeben. Aufkochen, zurückschalten und ca. 1 ½ Stunden weich kochen.

Fleisch herausnehmen und von den Knochen ablösen. Gegen Ende trockene Einbrenn mit mitgerösteten klein geschnittenen Zwiebeln, gehackte Petersilienstiele und Zitronenzesten dazugeben.

Wurzelwerk bis auf ein paar Stücke als Einlage mixen, durch ein Sieb passieren und wieder dazugeben. Mit Weißwein verfeinern, nochmals aufkochen, abschmecken.

→ Mit Croûtons oder Entenlebernockerln (s. S. 47) servieren.

Rahmsupp'n

Diese wunderbare Suppe bekamen wir Kinder oft zum Abendessen, besonders auch dann, wenn wir krank waren. Sie kräftigt und ist sehr leicht verdaulich.

ZUTATEN FÜR 6 PORTIONEN

etwas altbackenes Schwarzbrot
1 EL Kümmel
¼ l Milch
¼ l Sauerrahm
¼ l Schlagobers
1 leicht gehäufter EL Mehl
Salz

ZUBEREITUNG

Brot in sehr dünne, mundgerechte Schnitteln oder Würfel schneiden.

½ l Wasser mit Kümmel aufkochen lassen und 2–3 Minuten köcheln. Milch dazugeben, gut vermischen und köcheln. Sauerrahm und Obers mit dem Schneebesen gut versprudeln. Mehl einrühren, wieder gut versprudeln.

Rahm-Mehl-Mischung in die köchelnde Wasser-Milch-Mischung einrühren, mit dem Schneebesen gut durchmischen, salzen, nochmals gut versprudeln und etwa 3–4 Minuten kochen lassen, sodass das Mehl gut verkocht. Heiße Suppe auf einem tiefen Teller anrichten und die Schwarzbrotschnitteln oder -würfel darüberstreuen.

Hedi: „Man kann die dünnen Schwarzbrotschnitteln auch im Rohr knusprig aufbähen. Die Schwarzbrotwürfel können auch in der Pfanne mit etwas Butter angeröstet werden. Mancherorts wird zur Rahmsupp'n ein gekochter Erdapfel auf dem Unterteller dazu serviert."

Wildsuppe

Nach einer Treibjagd im Herbst kehren die Jäger am Abend zum „letzten Trieb" in ein vorher ausgemachtes Wirtshaus ein. Wenn der „Wirt z'Irding", wie unser Gasthof im Volksmund hieß, beim letzten Trieb an der Reihe war, brachte unser Nachbar, der Irdinger, gleich nach dem ersten Trieb am Vormittag zwei, drei frisch geschossene Hasen in die Waschküche, wo sie ausgezogen, grob zerhackt und zur „Hås'nsupp'n" aufgesetzt wurden.

Die gab es dann für die Jäger am Abend beim letzten Trieb mit einem Semmelknödel und Erdapfel drin. Sie schmeckte kräftig nach Wild, Essig und Pfeffer, meine Mutter hat sie aber wegen der vielen Knochen gehasst. Daher hat sie daraus eine feinere Version entwickelt, die zu einem Klassiker auf unserer Speisekarte wurde. Der Clou ist, dass sie das rustikal schmeckende Hasenfleisch mit dem feineren Reh oder Hirsch mischt, sodass zwar der Charakter bleibt, aber ein viel feinerer Geschmack entsteht.

ZUTATEN FÜR 10 PORTIONEN

2 kg Reh- und Hasenfleisch mit Knochen

4 mittelgroße Zwiebeln

500 g Wurzelgemüse

1 Schuss Rotweinessig plus evtl. Rotweinessig zum Abschmecken

½ l Rotwein plus Rotwein zum Abschmecken

2 Lorbeerblätter

30 Pfefferkörner

½ EL frisch gerebelter Thymian

1 Zweig Bohnenkraut

6 Pimentkörner

3 Muskatblüten (oder Muskatnuss)

braune Einbrenn (s. S. 226)

2 gehäufte EL gehackte Petersilie

⅛ l geschlagenes Schlagobers

ZUBEREITUNG

Reh- und Hasenfleisch mit Knochen gut waschen. In einem großen Topf mit heißem Wasser aufkochen, 3 Zwiebeln vierteln und mit Schale dazugeben.

Grob geschnittenes Wurzelwerk, Essig und Rotwein hinzufügen und zurückschalten. Gewürze dazugeben. Fleisch weich köcheln, das dauert bis zu 2 Stunden, bei jungen Tieren etwas kürzer.

Fleisch mit dem Schaumlöffel herausheben und noch heiß auslösen, dann geht das Fleisch leichter von den Knochen. Fleisch klein schneiden, alle Knochen und Knochensplitter sorgfältig entfernen. Lorbeer, Bohnenkraut und Zwiebelschalen wegwerfen.

Restliche Zwiebel schälen und hacken. Braune Einbrenn zubereiten, wenn sie Farbe nimmt, Zwiebel mitrösten, gegen Ende gehackte Petersilie kurz einrühren. Mit der Suppe im

Mixer mixen und durch ein Sieb streichen. Mit Wein, Salz, Pfeffer und evtl. Essig abschmecken. Fleischstücke dazugeben, aufkochen und ziehen lassen.

Zum Schluss mit Obershauberln verfeinern.

➥ Croûtons oder ein Rehlebernockerl (Zubereitung wie Entenlebernockerl (s. S. 47) dazugeben.

Hedi: „Ich nehme gerne Ripperl, Schulterblatt, auch ‚Schauferl' genannt, auch vom Schrot verletzte Edelteile, aber keine Innereien außer eventuell das Beuschl, das man aber auch extra als Rehbeuschl zubereiten kann."

Suppen
DIE DEFTIGEN

Der Stammtisch

Ein echtes Wirtshaus ist eine Gaststätte, in der man essen kann, aber nicht muss.

Man erkennt es auch am Vorhandensein eines Stammtisches. Im Gasthof Klinger handelt es sich dabei um einen langen, ungedeckten Tisch neben der Schank, der noch immer dann und wann für eine ungezwungene Geselligkeit herhält. Früher trafen sich hier jeden Mittwoch die Tischtennisspieler, am Donnerstag eine immer gleiche Freundesrunde, am Freitag und Samstag „die Jungen", bevor sie zu den Festen oder in die Disco aufbrachen, und am Sonntagabend die Bauern. Heute haben wir am Sonntagabend geschlossen, und auch das Kartenspiel ist der ökonomischen Ratio zum Opfer gefallen. Seinerzeit wurde in einem Wirtshaus am Abend nur selten gegessen, dafür jedoch an mehreren Tischen „gekartelt": Tarock, Schnapsen, Preferanzen oder Kratzen, ein wildes Hasardspiel. In meiner Kindheit standen die Männer nach der Sonntagsmesse vor den Kirchenwirten auf dem Platz und redeten über das Geschäft oder die Politik, bevor sie auf ein Bier in die Gaststube gingen. Dafür hatten die Dorfwirte, die ihr Hauptgeschäft mit Hochzeiten, Leichenschmäusen und Bällen machten, während der Woche nur an einem bestimmten Abend, ihrem „Bürgertag", geöffnet.

An den Stammtisch kann man sich auch als Fremder dazusetzen, besonders wenn man von einem Einheimischen eingeführt wird, oder tagsüber, wenn nicht viel los ist. Dann freuen sich einsame Platzhirsche über ein bisserl Gesellschaft und allerlei Neuigkeiten, die der Fremde in den dörflichen Alltagstrott einbringt. Gegessen wird am Stammtisch höchstens eine Kleinigkeit, denn die Stammtischbrüder kommen ja in der Regel nur zum Frühschoppen oder nach der abendlichen „Jaus'n" zu Hause. Traditionell war der Stammtisch fest in männlicher Hand. Schwestern sind am Stammtisch erst in letzter Zeit salonfähig geworden.

HAUS-
MANNS-
KOST

Vorspeisen wurden in Österreich erst Anfang der achtziger Jahre populär, als Haubenköche begannen, Miniaturen von Schmankerln der regionalen Hausmannskost als Vorspeisen in Gourmetmenüs einzubauen und damit auch den Wirtshäusern eine Steilvorlage lieferten. Als Weinbegleitung zu diesen g'schmackigen Rezepten sind natürlich der Grüne Veltliner, der Gemischte Satz, der Welschriesling und der Schilcher in ihrem Element. Im ländlichen Raum behauptet sich auf diesem Feld aber auch der Most, die oberösterreichische „Landessäure". Wer einmal im Frühjahr den perfekt im großen Holzfass gereiften Mischlingsmost aus Birnen und Äpfeln zu Speckknödeln, zum Bratl oder zur Blunzen erlebt – und gut vertragen – hat, der wird uns verstehen. Allen anderen sei aber auch das gute Bier aus dem Alpenvorland ans Herz gelegt, wie wir es aus Grieskirchen, Neumarkt, Freistadt, Hofstetten, Schlägl, Eggenberg, Zipf etc. bis weit ins Innviertel (Schnaitl, Baumgartner, Rieder) hinüber oder ins Salzburgische (Trumer, Stiegl) hinein kennen. Natürlich kann man heutzutage auch mit der neuen Vielfalt handwerklicher Craftbiere als Begleiter experimentieren. Zu den feineren Schmankerln geben wir spezifische Weintipps.

Knusprige Erdäpfelsteckerl

Kartoffelnudeln heißen im Hausruckviertel „Erdäpfelsteckerl". Bekannter ist heutzutage die süße Variante mit Rahm, Zucker und Zimt (s. S. 187). Aber auch ungesüßt schön knusprig herausgebacken sind Erdäpfelsteckerl ein herrliches fleischloses Schmankerl.

ZUTATEN

500 g mehlige Erdäpfel

Salz

Muskatnuss

50 g grober Grieß

175 g griffiges Mehl

2 kleine Eier

100 g Schweineschmalz und Butterschmalz gemischt oder die entsprechende Menge Pflanzenöl zum Backen

Fett zum Bestreichen

Mehl zum Arbeiten

ZUBEREITUNG

Erdäpfel kochen, sodass sie innen noch etwas knackig sind. Auskühlen lassen, schälen und mit der Küchenreibe (Krenreißer) fein reiben. Salzen und etwas Muskatnuss darüberreiben.

Grieß mit dem griffigen Mehl und dann mit der Kartoffelmasse vermischen. Eier versprudeln und über die Masse gießen, mit der Gummispachtel rasch durchmischen, kosten und mit Salz abschmecken. Ca. 30 Minuten rasten lassen, damit der Grieß aufquillt.

Fett in einer Email-Reine zergehen lassen und die Reine auf der Arbeitsfläche bereitstellen.

Teig zu einem Striezel formen, mit der Teigkarte Tranchen abschneiden. Daraus auf einem mehlierten Nudelbrett (Arbeitsfläche) etwa 2 cm dicke Nudeln ausrollen. Nudeln von der Mitte weg rasch und locker mit der Handfläche „wuzeln" – nicht zu lang auf einer Stelle, nicht zu fest, aber zügig.

Nudeln dicht aneinander längs in die Reine legen, mit Fett bepinseln und im vorgeheizten Rohr bei 180 °C mit Heißluft ca. 35 Minuten knusprig backen.

→ Mit Sauerkraut oder Salat servieren.

Most, Bier, Wein

Außer zu besonderen Anlässen wurde in Landwirtshäusern früher meistens nur getrunken. Das Getränk der einfachen Leute war der Most aus den kleinen, herben Birnen, fallweise im Verschnitt mit einem geringeren Anteil Mostäpfeln.

Aber weil im Wirtshaus mit Most nichts zu verdienen war, verlegten sich die Wirte mehr aufs Bier. Das wurde früher in fast jedem größeren Ort gebraut, aber viele dieser Kleinbrauereien wurden mit der Zeit von größeren Konzernen aufgekauft. Dennoch hat sich eine gewisse Biervielfalt in unserem Land erhalten, die durch die neue Craftbeer-Gegenbewegung erfreulich verstärkt wird. Das Bier in unserem Gasthaus kommt seit langem von der Stieglbrauerei in Salzburg.

Wenn die starken Bierführer mit ihren langen, schweren Lederschurzen das Bier abluden, durfte ich die Holzfässer gelegentlich in den Kühlraum rollen. Ich lernte auch noch das Anschlagen mit dem Messingstecher: Man musste erst ganz vorsichtig den Spund etwas Richtung Fassinneres klopfen und ihn dann mit einem entschlossenen Schlag hineintreiben und den Stecher fixieren. Stellte man sich ungeschickt an, war man von oben bis unten voller Bierschaum. Es gab auch Wein, und zwar weiß oder rot, Spritzer weiß oder Spritzer rot – Punkt. Als wir in den sechziger Jahren zwei Weißweine, einen Rosé und zwei Rotweine aus dem Doppelliter ausschenkten, galten wir bereits als etwas besseres Lokal. Von einer Weinkarte hatte zu dieser Zeit noch niemand gehört.

Nach dem großen Umbau wurde unser Gasthof 1980 allmählich ein richtiges Restaurant. Damals legte ich die erste kleine Weinkarte auf und begründete damit eine neue Ära der Weinkultur im Gasthof Klinger, die heute von meiner Cousine, der Diplomsommelière Elisabeth Huber, fortgesetzt wird.

Cremige Schinkenfleckerl

Fleckerl sind kleine Nudelrauten – eine typisch österreichische Pasta. Die hohe Kunst wäre natürlich, die Fleckerl selbst herzustellen. Doch mit guter gekaufter Trockenware geht es viel einfacher. Die vegetarische Variante dieses Gerichts heißt Krautfleckerl. In Oberösterreich macht man aus Fleckerln oder Hörnchen mit Bratenresten die deftige „Fleckerlspeis". Schinkenfleckerl sind das ideale Gericht für Feste und Buffets, denn man kann jede Menge davon zubereiten. Von diesem Lieblingsgericht vieler österreichischer Kinder gibt es verschiedene Varianten. Beim Heurigen bekommt man sie oft etwas trocken. Uns schmecken sie richtig schön cremig einfach besser.

ZUTATEN FÜR 6 PORTIONEN

300 g Fleckerl (ersatzweise Farfalle)

Salz

100 g blättrig geschnittene Champignons

20 g Butter

180 g Schlagobers

180 g Sauerrahm

100 g in Streifen geschnittener Rauchschinken oder mageres Geselchtes

25 g in feine Ringe geschnittene Jungzwiebeln

weißer Pfeffer

Thymian

geriebener Bergkäse zum Überbacken

ZUBEREITUNG

Fleckerl in Salzwasser kochen. Währenddessen die Champignons kurz in einem Teil der Butter sautieren. Obers und Sauerrahm versprudeln. Schinken und Jungzwiebeln in restlicher Butter anschwitzen.

Gekochte Fleckerl dazugeben und mit der Obers-Sauerrahm-Mischung leicht schwimmend angießen. Durchmischen und dann die Champignons mit den Jungzwiebeln dazugeben.

Mit Salz, weißem Pfeffer und Thymian würzen. Zum Schluss mit dem würzigen Käse bestreuen und unter dem Grill im Ofen goldbraun gratinieren.

WEIN-TIPP

Ein klassischer Grüner Veltliner, zum Beispiel Weinviertel DAC, ein nicht zu leichter Wiener Gemischter Satz oder – die Luxusversion – ein trockener Riesling Smaragd oder Reserve, denn auch die Rieslingfrucht schmiegt sich schön an die cremige Sauce.

Blunzengröstl

Blutwürste gibt es in vielen Ländern, vom britisch-irischen „Black Pudding" über den französischen „Boudin Noir" bis zur spanischen „Morcilla". Bei uns in Österreich heißen sie „Blunzen".

ZUTATEN

knapp 1 kg speckige Erdäpfel
500 g Blutwurst
Butter- und Schweineschmalz zum Braten
Salz
1 große Zwiebel
Pfeffer
Schnittlauch oder frischer Kren zum Garnieren

WEIN-TIPP

Probieren Sie zum Blunzengröstl als Vorspeise einmal einen österreichischen Sekt Reserve oder Große Reserve. Es passen aber auch ein blumiger Veltliner oder Riesling, eine elegante Spätlese oder ein fruchtiger Rotwein (Zweigelt).

ZUBEREITUNG

Erdäpfel nicht zu weich kochen, auskühlen lassen und schälen. Blutwurst und Erdäpfel in 1 cm dicke Scheiben schneiden. In einer Eisenpfanne oder Bratpfanne mit kratzfester Beschichtung auf der einen Seite die Blutwurst, auf der anderen die Erdäpfel in halb Butter-, halb Schweineschmalz anbraten und salzen. Klein geschnittene Zwiebel zu den Erdäpfeln dazugeben. Alles schön knusprig braten, salzen, pfeffern und vorsichtig vermengen.

Auf einem heißen Teller schön anrichten und mit Schnittlauch oder frisch gerissenem Kren bestreuen.

→ Als Beilage eignen sich Sauerkraut oder ein kalter Krautsalat oder ganz einfach ein, zwei scharfe eingelegte Kirschpfefferoni.

Hedi: „Als Vorspeise nimmt man 300 g Blutwurst und 500 g Erdäpfel sowie eine kleine Zwiebel."

Fleischloaberl

ZUTATEN FÜR 12 LOABERL

2 altbackene Semmeln
ca. ⅛ l Milch
1 kleine bis mittelgroße rote Zwiebel
1 EL Schweineschmalz
1 Knoblauchzehe
800 g feines Faschiertes, gemischt
1 KL frischer Majoran
Salz
Pfeffer
Muskatnuss
1 EL gehackte Petersilie
2 Eier
Semmelbrösel zum Wenden
⅔ Schweineschmalz, ⅓ Butterschmalz zum Braten

GETRÄNKE-TIPP

Weißwein klassisch bis kräftig: Grüner Veltliner, Riesling, Weißburgunder, Welschriesling oder auch Wiener Gemischter Satz. Aber natürlich auch ein G'spritzer oder ein kühles Bier. Gilt übrigens auch für die folgenden Knödel.

ZUBEREITUNG

Semmeln in kleine Würfel schneiden und in Milch einweichen.

Zwiebel fein hacken und im Schweineschmalz glasig anschwitzen, Knoblauch dazupressen. Eingeweichte Semmelmasse durch die Kartoffelpresse passieren oder, wenn man das Fleisch selbst faschiert, nach dem Fleisch durch den Fleischwolf lassen. Hedi nimmt dafür die zweitfeinste Scheibe (etwa 2 mm).

Faschiertes mit Majoran, Salz, Pfeffer und geriebener Muskatnuss und frisch gehackter Petersilie bestreuen, die Zwiebel-Knoblauch-Mischung, Eier und die eingeweichte Semmelmasse dazugeben. Mit den Händen sanft, aber gründlich durchmischen.

Ein kleines Probelaibchen formen. In Semmelbröseln wenden und in einer Mischung von Schweine- und Butterschmalz herausbacken. Kosten, restliche Masse bei Bedarf nachwürzen. Knödel formen, zu Laibchen flachdrücken und in Semmelbröseln wenden.

In einer Pfanne zwei Finger hoch Schmalz erhitzen. Die Laibchen langsam herausbacken, dabei einige Male wenden. Nach dem ersten Umdrehen Schmalz noch einmal aufschäumen lassen, zurückschalten und langsam fertigbacken. Fertig gebackene Loaberl noch einige Minuten im warmen Rohr ruhen lassen.

→ Probeweise ein paar Semmelbrösel ins Fett streuen. Wenn das Fett aufschäumt, ist es heiß genug zum Braten der Loaberl.

→ Fleischloaberl brauchen deutlich länger als Schnitzel, weil sie viel dicker sind.

→ Als Beilage passen Erdäpfelpüree, junge Erbsen und Karotten, alternativ grüner Salat, Erdäpfelsalat oder Rahmgurkensalat.

Hausruckviertler Speck-, Haschee- *und* Grammelknödel

Im Knödelland Oberösterreich gibt es die verschiedensten Rezeptvarianten für Speck-, Haschee- oder Grammelknödel. Die kleinen Innviertler Knöderl werden aus Brandteig gemacht. Man kann sie tiefgekühlt von der wunderbaren Manufaktur Fuchsberger aus Eberschwang kaufen. Hier unser Rezept für die größeren Hausruckviertler Knödel aus Erdäpfelteig.

ZUTATEN FÜR 18 KNÖDEL

1 kg mehlige Kartoffeln
2 EL zerlassene Butter oder Sauerrahm
Salz
Muskatnuss
2 Eier
100 g Weizengrieß (auch Dinkelgrieß)*
350 g griffiges Mehl
Fülle nach Wunsch (s. S. 74/75)
braune Butter oder Bratlfett zum Übergießen
1 EL geschnittener Schnittlauch

*den Grieß kann man weglassen, wenn die Erdäpfel richtig mehlig sind

ZUBEREITUNG

Erdäpfel kochen, schälen und heiß durch die Kartoffelpresse drücken. Auskühlen lassen (alternativ auskühlen lassen und dann durchpressen). Butter oder Sauerrahm einrühren, Masse salzen und mit Muskat abschmecken. Eier verklopfen und dazugeben, Grieß und Mehl hinzufügen, mit lockerer Hand rasch zu Teig verarbeiten (schnell arbeiten, sonst wird der Teig zäh). Teig zu einem ovalen Striezel formen.

Auf einem Brett etwa 2 cm dicke Scheiben vom Striezel abschneiden und etwas auseinanderdrücken. Kleine Knödel der gewünschten Fülle in die Mitte setzen. Kartoffelteig über der Fülle zusammenschlagen und oben zusammendrücken. Dann auch seitlich Teig über der Fülle sorgfältig schließen. Hände mehlieren und die Knödel mit Gefühl rasch formen. Die fertigen Knödel in einer großen Rührschüssel mit Mehl mehlieren.

Knödel in sprudelndes Salzwasser einlegen. Wenn das Wasser wieder aufkocht, zurückschalten, so dass das Wasser gerade noch weiter kocht, und Knödel ca. 20 Minuten köcheln lassen. Je 2 Knödel auf einem heißen Teller anrichten, mit brauner Butter oder zerlassenem Bratlfett übergießen. Mit Schnittlauch bestreuen.

➜ Knödel mit Sauerkraut oder Salat nach Wunsch servieren.

Hascheeknödelfülle

Diese Fülle schmeckt am besten mit einer Mischung von gekochten und gebratenen Fleischresten. Mit frischem Faschiertem hingegen würde die Fülle viel zu fest.

ZUTATEN FÜR 18 KNÖDEL

500 g Brät
1 mittlere Zwiebel
1 nussgroßes Stück Schweineschmalz
1 große Knoblauchzehe
1 EL gehackte Petersilie
Pfeffer
Salz

ZUBEREITUNG

Fleisch durch die mittlere Scheibe des Fleischwolfs drehen. Zwiebel hacken und im Schmalz glasig werden lassen. Vom Feuer nehmen und den Knoblauch hineinpressen, durchrühren und abkühlen lassen. Petersilie mit der Zwiebel und dem Knoblauch unter das Brät mischen. Je nach Würze der Fleischreste pfeffern und salzen. Aus der Masse kleine Knöderl formen.

→ Masse kurz ins Tiefkühlfach geben, damit sich die Füllung leichter formen lässt.

Speckknödelfülle

Für kleine Innviertler Knödel nahm man traditionell gesurten Rückenspeck oder sehr fetten Kübelspeck. Wir im Hausruckviertel verwenden für unsere viel größeren Exemplare durchzogenen Räucherspeck vom Bauch.

ZUTATEN FÜR 18 KNÖDEL

500 g durchzogener Bauchspeck
1 mittelgroße Zwiebel
1 TL Paprika edelsüß

ZUBEREITUNG

Speck kleinwürfelig schneiden, Zwiebel fein hacken. Speck 3–4 Minuten anrösten, Zwiebel dazugeben, durchschwenken. Wenn die Zwiebel glasig ist, Paprika darüber streuen, durchmischen, vom Feuer nehmen und vollständig auskühlen lassen. Mit der Hand kleine Knöderl formen (das Fett hält sie zusammen).

Grammelknödelfülle

ZUTATEN FÜR 18 KNÖDEL

1 Zwiebel
½ EL Schweineschmalz
1 EL gehackte Petersilie
300 g Grammeln
Salz
Pfeffer

ZUBEREITUNG

Zwiebel fein hacken und in Schweineschmalz anschwitzen, Petersilie hineinmengen, etwas abkühlen lassen.

Grammeln dazugeben, salzen und pfeffern. Für ca. 1 Stunde zugedeckt ins Kühlfach stellen. Dann kleine Knöderl formen.

Hedi: „Ich mache die Grammeln gerne selbst. Dafür verwendet man rohen, fetten Rückenspeck ohne Schwarte, schneidet ihn in 1 cm große Würfel und lässt sie in einem hohen Topf unter ständigem Umrühren ca. 30 Minuten aus. Sie werden erst glasig, nehmen dann Farbe und werden schließlich knusprig. Zum Schluss mit einem Haarsieb abseihen, auf einem Blech ausbreiten und auskühlen lassen."

Butter, Schmalz & Öl

Fett gilt in der heutigen Zeit als verdächtig. Die Leute denken, es macht dick. Fett ist aber ein wichtiger Geschmacksträger.

Besonders Schweineschmalz ist viel besser, als sein Ruf, weil es kaum Transfette bildet und für den Originalgeschmack von Klassikern wie Wiener Schnitzel, Rindsgulasch oder Schweinsbraten unerlässlich ist. Reines Butterschmalz gibt einen ganz anderen Geschmack, den ich beim Schnitzel oder Backhendl nicht mag. Hedis Trick, unter das Schweineschmalz ein nussgroßes Stück Butterschmalz zu mischen, macht die Panier einen Hauch feiner.

„Butter kann durch nichts ersetzt werden!", lautet ein uralter Werbeslogan der Milchwirtschaft, der für die feine Küche auch heute noch gilt. Vor allem beim Backen und sanften Schmoren kann Butter wirklich durch nichts ersetzt werden, auch wenn die Margarine-Industrie mit massiven Werbekampagnen die Butter ins ungesunde Eck rücken wollte. Ein Kalbsbratensaft wird mit Butter einfach besser und mit Butter aufmontierte Saucen sind immer noch die feinsten.

Womit wir beim Öl angelangt sind. Wenn Sie zum Beispiel ein Steak scharf anbraten möchten, sind raffinierte Erdnuss-, Raps- oder Traubenkernöle am besten. Sie eignen sich auch zum Frittieren. Geschmacksneutrale Pflanzenöle aus Sonnenblumenkernen, Maiskeimen, Erdnüssen oder Raps nimmt man für Mayonnaisen oder Salatmarinaden, die keinen Olivengeschmack haben sollen, zum Beispiel Kartoffelsalat. Für Rezepte mit einem steirischen Einschlag kommt bestes Kürbiskernöl zum Einsatz. Und wenn man für ein Rezept Olivenöl braucht, sollte man nur beste Qualität einsetzen, und die gibt es nicht im Supermarkt, sondern am besten beim Weinhändler Ihres Vertrauens.

Krenfleisch

ZUTATEN

1 ½ kg Schweinsstelzen (sowohl vordere als auch hintere sind geeignet; alternativ gut 1 kg Schulter oder Bauchfleisch)

1 Bund Suppengemüse

2 Knoblauchzehen

2 Lorbeerblätter

Pfefferkörner

Salz

200 g Karotten

140 g Sellerie

70 g Petersilienwurzel

Butter zum Anrösten

etwas Fleischsuppe zum Angießen

etwas Petersilie

etwas Lauch

1–2 EL Weißweinessig

frischer Kren

Schnittlauch zum Bestreuen

WEIN-TIPP

Ein kräftiger Grüner oder Roter Veltliner vom Löss oder als steirische Variante ein Welschriesling oder Muskateller mit Struktur.

ZUBEREITUNG

Fleisch mit Suppengemüse, ungeschältem Knoblauch und den Gewürzen in leicht gesalzenes, heißes Wasser legen und ca. 1 ½ Stunden sanft köcheln lassen, bis es weich ist.

Inzwischen Gemüse putzen und in Julienne-Streifen schneiden. In Butter anrösten und mit etwas durchgeseihter Fleischsuppe angießen. Petersiliengrün und Lauchstreifen dazugeben und mit Weißweinessig bissfest dünsten.

Fleisch aus der Suppe heben und auslösen. In ca. ½ cm dünne Scheiben schneiden und auf heißen Tellern anrichten. Mit Wurzelgemüse bedecken und das Ganze mit etwas Suppe übergießen. Frisch geriebenen Kren obenauf geben und zuletzt nach Wunsch mit etwas Schnittlauch bestreuen.

➜ Als Beilage empfehlen sich ein gerösteter Erdäpfelschmarrn (s. S. 161) oder Salzerdäpfel.

Hedi: „Ich mache das Krenfleisch am liebsten mit Schweinestelzen. Die Knochen geben einen besonders guten Geschmack. Hervorragend schmeckt auch das fettere Bauchfleisch. Für etwas heikle Esser eignet sich hingegen die magere Schweinsschulter besser. Man könnte die Fleischsorten auch mischen. Schneidet man das Fleisch gleich in größere Würfel und kocht es in der Gemüsebrühe weich, heißt das Gericht Wurzelfleisch. Mein persönlicher Tipp ist, das Wurzelgemüse in Butter anzuschwitzen, dann mit der Suppe anzugießen, die beim Fleischkochen entsteht, und bissfest zu kochen."

Leberbunkel

„Bunkel" ist in unserem Dialekt das Wort für „Kuchen". Auf Hochdeutsch heißt dieses oberösterreichische Regionalgericht „Lebernetzbraten", weil die Lebermasse im Schweinsnetz eingeschlagen in einer Reine knusprig gebacken wird. In der Gegend um Linz und im Mühlviertel nennt man dieses Schmankerl „Leberschädel".

ZUTATEN FÜR 8 PORTIONEN

2 große Zwiebeln
Butter zum Anschwitzen
400 g Knödelbrot
2 Eier
⅜–½ l Milch
300 g faschierter Schweinehals oder -Schädel
300 g faschierte Schweineleber
Salz
Pfeffer
2 KL Majoran
6 durchgepresste Knoblauchzehen
50 g Mehl
1 Schweinsnetz
Schweinsbratensaft zum Anrichten

GETRÄNKE-TIPP

Bier oder Veltliner, das ist hier die Frage.

ZUBEREITUNG

Zwiebeln fein hacken, in Butter anschwitzen. Zwiebeln mit dem Knödelbrot vermischen, Eier in Milch versprudeln und über das Knödelbrot gießen. Fleisch und Leber dazugeben; mit Salz, Pfeffer, Majoran und Knoblauch würzen. Alles gut vermischen, zum Schluss Mehl einarbeiten.

Ein Bratblech oder eine Auflaufform mit dem Schweinsnetz auslegen, Leberbunkelmasse gleichmäßig verteilen, Netz drüberschlagen und Bunkel im vorgeheizten Rohr bei 150 °C etwa 45–60 Minuten backen. Möglichst sofort mit Schweinsbratensaft servieren.

↪ Die Reste vom Leberbunkel kann man in 3 cm dicken Schnitten als köstliche Suppeneinlage verwerten.

Hedi: „Ein ofenfrischer, knuspriger Leberbunkel zählt in unserer Familie und bei den Stammgästen im Gasthof Klinger zu den Leibspeisen aus dem Rezeptschatz der oberösterreichischen Hausmannskost. Als Beilagen serviere ich üblicherweise Erdäpfel und Sauerkraut mit viel Schnittlauch, aber auch ein kalter Krautsalat oder ein mit einem guten Apfelessig marinierter gemischter Salat wäre nicht verkehrt."

Gefüllte Paprika

ZUTATEN

PAPRIKA
70 g Zwiebel
10 g Butter
400 g Faschiertes (Rind und Schwein gemischt)
Salz
Pfeffer
Majoran
1 kleines Ei
50 g gekochter Naturreis oder weißer Langkornreis
6 grüne Paprikaschoten
1 EL Butterschmalz

PARADEISERSAUCE
ca. 40 g Zwiebel
10 g Butter
15 g glattes Mehl
500 ml passierte Tomaten oder Passata
1 EL Tomatenmark
Salz
½–1 TL Zucker
2–3 Petersilienstängel
evtl. etwas Gemüsebrühe oder Rindsuppe (s. S. 229)

WEIN-TIPP

Probieren Sie dazu leichtere Rotweine, zum Beispiel einen fruchtigen Zweigelt, oder warum nicht einmal einen sanften Blauen Portugieser.

Gefüllte Paprika macht man am besten im August und September, wenn die grünen Schoten vollreif auf den Markt kommen. Wir Kinder liebten Mamas Rezept besonders, weil sie auch eine herrliche Tomatensauce im Repertoire hatte. Die Paradeiser wurden aus frischer Ernte auch eingekocht. Lange bevor die Italo-Welle über die Alpen schwappte, avancierte diese Austro-Passata mit Nudeln zum Kinderhit.

ZUBEREITUNG

Zwiebel für die Paprika fein hacken, in Butter anschwitzen. Faschiertes mit Salz, Pfeffer und Majoran gut würzen, mit Ei vermischen, abgekühlte Zwiebel und Reis dazugeben. Gut vermengen, evtl. nachwürzen. Falls die Fülle zu fest ist, einige EL Wasser zugeben.

Paprika waschen, Deckel mit Stielansatz abschneiden, Schoten aushöhlen, auch die weißen Häute entfernen. In kochendem Salzwasser Schoten und Deckel 1 Minute blanchieren, abgießen und in kaltem Wasser abschrecken.

Zwiebel für die Sauce fein hacken, in Butter anschwitzen, Mehl dazugeben und auf kleiner Flamme langsam hellgelb rösten, mit Schneebesen rühren. Mit Passata aufgießen, schnell verrühren. Tomatenmark zugeben, mit Salz und Zucker abschmecken, Petersilienstängel zugeben und alles gut durchkochen lassen.

Paprikaschoten füllen, Deckel wieder aufsetzen, mit Zahnstochern feststecken. Butterschmalz in einer Auflaufform erhitzen, Paprika hineinlegen und im heißen Rohr bei 180 °C Ober-/Unterhitze 30 Minuten Farbe nehmen lassen, dabei einmal wenden. Heiße Sauce angießen. Falls sie zu dick ist, wenig Brühe oder Suppe zugeben. Paprika zugedeckt ca. 30 Minuten fertig dünsten.

Pinzgauer Kasnocken *pur*

Meine Brüder und ich besuchten höhere Schulen in Saalfelden im Pinzgau. Dabei perfektionierten wir nicht nur unser Schifahren, sondern auch unsere Kenntnisse in Sachen Pinzgauer Küche, insbesondere Kasnocken. Bei einer Kasnockenpartie löffeln die Gäste die Nocken aus einer großen Eisenpfanne in der Tischmitte und essen den Salat aus einer Schüssel auf einem Gestell über der Pfanne.

Mein Freund, der Kabarettist und Schriftsteller Peter Blaikner aus Zell am See ist ein Kämpfer für das echte Rezept ohne Eier und Milch: „Teig nur aus Mehl, Wasser, Salz und etwas Bier machen, damit die Nocken schön locker werden. Ich nehme keinen Zwiebel, denn der Zwiebel verhaut den ganzen Kasgeschmack. Nur Schnittlauch drüber, fertig. Bis danaxt, Peter."
So, jetzt wissen Sie es auch.

ZUTATEN

200 g Pinzgauer Bierkäse (mager)
100 g Pinzgauer Almbutterkäse (fett)
300 g griffiges Mehl
100 g glattes Mehl
1 TL Salz
60 ml helles Bier
340 ml lauwarmes Wasser
60 g Butter
Schnittlauch

ZUBEREITUNG

Einen großen Topf mit Wasser aufstellen. Die beiden Käse in kleine Stücke schneiden und durchmischen. Mehle mischen, salzen, mit Bier und Wasser rasch zusammenmischen und den zähflüssigen Teig kurz ruhen lassen.

Teig mit einem Spätzlehobel (die Pinzgauer sagen „Nocknkratz") über dem Topf ins kochende Salzwasser eintropfen. Kurz kochen, bis die Nocken an die Oberfläche steigen. Inzwischen in einer großen Pfanne (am besten aus Eisen, jedenfalls nicht beschichtet) die Butter erhitzen. Die abgetropften, aber noch feuchten Nocken darin schwenken. Jetzt den Käse einrühren, schmelzen und die ganze Masse so anbraten, dass sich am Pfannenboden eine goldbraune Kruste bildet, die sogenannten „Prinzn".

Frisch geschnittenen Schnittlauch darüberstreuen und die Pfanne in die Tischmitte stellen. Die Gäste bekommen nur einen Löffel für die Nocken und eine Gabel für den obligaten grünen Salat. Das Beste kommt zum Schluss, wenn die „Prinzn" mit dem Löffel vom Pfannenboden gekratzt werden.

Weißer *und* grüner Spargel *mit* zerlassener Butter und frischen Kräutern

ZUTATEN

SPARGEL

als Vorspeise gut 1 kg weißer oder 800 g grüner Spargel, als Hauptspeise ca. 2 kg weißer oder 1,3 kg grüner Spargel

2 TL Salz pro l Wasser

½ TL Zucker pro l Wasser nach Bedarf

Butter oder Oliven- oder Sonnenblumenöl für den Kochsud

SAUCE

ca. 140 g Butter

frische Kräuter, zum Beispiel Schnittlauch, Petersilie und Kerbel

WEIN-TIPP

Zu dieser feinen, knoblauchfreien Kräuterbutter passen florale Weißweine mit etwas Reife und einer Spur Restsüße, aber höchstens einem Hauch von Holz. Weiß- oder Grauburgunder, Morillon oder Raritäten wie Frühroter Veltliner oder Müller-Thurgau.

Das Eferdinger Becken ist eine fruchtbare Ebene westlich von Linz, in der seit jeher hervorragendes Gemüse angebaut wird. Seit knapp zwei Jahrzehnten widmen sich einige Gemüsebauern bis hinüber nach Leonding auch dem Spargelanbau. Wir servieren Spargel am liebsten ganz einfach mit zerlassener Butter und frischen gehackten Kräutern.

ZUBEREITUNG

Weißen Spargel flach auf ein Holzbrett legen, Enden abschneiden, damit alle Stangen gleich lang sind. Jede Stange einzeln an der Spitze halten und von unterhalb der Spitze weg mit einem Gemüseschäler zum Ende hin immer großzügiger schälen. Bei Grünspargel schneidet man den untersten, holzigen Teil ab und schält nur das unterste Drittel.

Es gibt verschiedene Möglichkeiten, Spargel zu kochen, zum Beispiel stehend in einem speziellen Spargeltopf mit Einsatz oder auch im Dampfgarer. Oder ganz einfach in einem großen Topf liegend. Dabei empfiehlt sich eine knappe Kochzeit, damit die Spitzen nicht zu weich werden. Das Wasser wird immer gesalzen und oft auch gezuckert. Besonders gut wird Spargel je nach Rezept mit etwas Butter oder 1 EL Oliven- oder Sonnenblumenöl im Kochwasser. Das Wasser sollte niemals sprudeln, sondern nur leicht wallen. Die Kochzeit beträgt je nach Dicke bei weißem Spargel 15–20 Minuten, bei Grünspargel 8–12 Minuten.

Für die Sauce in einer Kasserolle Butter zerlassen und gehackte Kräuter darin durchschwenken. Zum Anrichten Spargelstangen auf einen vorgewärmten Teller legen und von der Mitte der Stangen her gegen die Enden mit der Kräutersauce überziehen.

Karfiol *mit* Butterbröseln

Der Blumenkohl heißt in Österreich „Karfiol". Er wird gern auf Wiener Art gebacken serviert, besonders beim Heurigen im Verein mit allerlei anderem Gemüse. Solo gekocht und mit Butterbröseln bekommt man ihn heutzutage kaum noch. Solche einfachen Köstlichkeiten sind in unserem Land genauso vom Aussterben bedroht wie die guten Wirtshäuser mit sorgfältig zubereiteter Hausmannskost.

ZUTATEN FÜR 2 PORTIONEN ALS HAUPTGERICHT, FÜR 4 PORTIONEN ALS BEILAGE

1 Karfiol mittlerer Größe

Salz

30 g Butter

4 EL frische Semmelbrösel vom Bäcker (50 g)

WEIN-TIPP

Ein feingliedriger, mittelgewichtiger Grüner Veltliner mit dezenter Säure, Frühroter Veltliner oder Müller-Thurgau.

ZUBEREITUNG

Karfiol waschen, in Röschen zerteilen und in Salzwasser je nach Größe 3–5 Minuten kochen. Abgießen und kurz ausdampfen lassen. In wenig Butter schwenken, bei Bedarf nachsalzen.

Restliche Butter (25 g) zerlassen und die Brösel hineingeben. Schön langsam rösten und immer wieder wenden – pomali haben wir früher gesagt –, bis die Brösel karamellbraun sind. Zu hell haben sie keinen Geschmack, sind sie zu dunkel, schmecken sie verbrannt. Am besten zwischendurch kosten. Die Karfiolröschen auf den Tellern anrichten und die knusprig-heißen buttrigen Brösel mit dem Löffel darüber häufen.

→ Dazu passen Petersilerdäpfel.

→ Man kann die Röschen auch in einem Siebeinsatz über Dampf garen oder den Dampfgarer verwenden.

Spinatnocken *mit* Nussbutter

Das Rezept für Spinatknödel stammt aus Südtirol. In unserem Wirtshaus machen wir ein ähnliches Gericht in Nockenform wie die italienischen Malfatti, bei denen noch Ricotta in die Masse kommt. Serviert werden die Knödel oder Nocken traditionell mit brauner Butter. Man nennt sie auch Nussbutter („beurre noisette"), weil sie beim Bräunen in der Pfanne ein feines, röstiges Nussaroma entwickelt. Ideal ist, bestmöglichen echten Parmigiano Reggiano frisch darüber zu reiben. Gut schmecken auch ein guter Grana Padano oder der österreichische Asmonte.

ZUTATEN

1 kleine Zwiebel oder 1 Schalotte
80 g Butter plus Butter für die Nussbutter
300 g Blattspinat
100 g Ricotta
100 g Mehl
1 Ei
1 kleines Eigelb
½ Knoblauchzehe
Salz
Pfeffer
Muskatnuss
50 g frisch geriebener Parmigiano Reggiano

WEIN-TIPP

Kräftiger, leicht im Fass gereifter Weißburgunder oder Veltliner vom Wagram oder ein leichter, fruchtiger Zweigelt.

ZUBEREITUNG

Zwiebel oder Schalotte fein hacken und in einem nussgroßen Stück Butter anschwitzen.

Vom Spinat die Stiele entfernen, Spinat waschen und kurz in kochendem Salzwasser blanchieren. Abtropfen lassen, fest ausdrücken und hacken.

Mit Ricotta, Mehl, Ei und Eigelb in eine Schüssel geben. Knoblauch schälen und darüberpressen. Masse mit der restlichen weichen Butter zu einem kompakten Teig vermischen, mit Salz, Pfeffer und Muskatnuss würzen. Teig mit Fischhaltefolie abdecken und 30 Minuten im Kühlschrank ruhen lassen.

Mit 2 Esslöffeln Nocken formen, in Salzwasser aufkochen und etwa 10 Minuten leicht köchelnd ziehen lassen.

Butter für die Nussbutter aufschäumen und leicht bräunen lassen. Nocken auf einem heißen Teller anrichten, mit Nussbutter übergießen und geriebenen Parmesan darüberstreuen.

➡ Als Variante gehackten Salbei kurz in der Butter durchschwenken. Man kann die Nocken auch in Butter schwenken, dann in geriebenem Parmesan wälzen und unter dem Grill gratinieren.

Der Garten

Früher hatte fast jedes Haus einen Gemüsegarten. Die Tradition des Hausgartens ist in Europa erst in der Zeit der Industriellen Revolution merklich schwächer geworden, denn die Arbeiter, die aus bäuerlichen Gegenden in die Metropolen zogen, hatten keine Zeit mehr, sich um einen Garten zu kümmern.

Sogar vor dem ersten Wohnblock unserer Gemeinde wurde ein Garten angelegt. Der Vater meines Freundes Werner Mai, der bei Kriegsende aus Siebenbürgen gekommen war, zog sich dort sein eigenes Gemüse.

Meine Mutter hat auch heute noch ihren Gemüsegarten. Während ihrer Zeit als Wirtin pflegte sie sogar deren zwei. Der Salat oder die Prinzessbohnen aus dem eigenen Anbau schmeckten viel besser als das Kunstdüngergemüse aus dem Glashaus. Im Sommer, wenn die kleinen Monatserdbeeren reif wurden, pflückten wir in unserem Garten mit Mama fleißig die süßen Winzlinge und bekamen Erdbeeren mit Rahm, eine köstlich kühle Saisonspezialität als Labung nach dem Fußballspielen.

Einen besonders schönen großen „Hoagarten" hatte meine Großmutter in Aistersheim. Dort baute sie zahlreiche Gemüse und Kräuter an: Paradeiser, Kohlrabi, Bohnen, Erbsen, Sellerie, Karotten und gelbe Rüben, rote Rüben, Rettich, Kren, verschiedene Salatsorten, Petersilie, Schnittlauch, Rosmarin, Thymian, Bohnenkraut, Majoran, Salbei und auch Erdbeeren, Ribiseln, schwarze Johannisbeeren, Stachelbeeren, Himbeeren und Brombeeren. Sie liebte die Gartenarbeit und sagte noch im hohen Alter, der Garten sei für sie ein erholsames Refugium. Im Obstgarten hatte mein Großvater auch zwei Bienenhütten.

Hedis Mutter im Obstgarten, um 1930

Sautierte Steinpilze *auf* Röstbrot

Steinpilze, die bei uns eigentlich „Herrenpilze" heißen, schmecken nicht nur uns Menschen, sondern auch den Würmern. Lassen Sie sich beim Einkauf jeden Pilz der Länge nach durchschneiden und kaufen Sie nur nicht-befallene Exemplare. Für das Röstbrot eignen sich verschiedene Brotsorten, zum Beispiel Weißer Wecken, Baguette, Ciabatta, Toskanabrot oder graues Pain de Campagne.

ZUTATEN FÜR 4 VORSPEISENPORTIONEN

2–3 Knoblauchzehen

4 EL Olivenöl plus Olivenöl zum Sautieren

400 g frische Steinpilze

Weißbrot (je nach Querschnittgröße 4, 8 oder 12 Schnitten)

1 EL Butter

Salz

Pfeffer

Petersilie nach Wunsch

WEIN-TIPP

Ein österreichischer Sekt Reserve, ein trockener, kühler Rosé oder ein Chardonnay ohne Holz.

ZUBEREITUNG

Knoblauch schälen, halbieren, Keim entfernen. Olivenöl in eine kleine Schüssel geben, Knoblauch hineinpressen. Umrühren und 1–2 Stunden stehen lassen.

Steinpilze trocken sauber putzen (zum Beispiel mit einem Pinsel), je nach Größe halbieren oder vierteln und etwa 2 mm dick blättrig schneiden.

Die Weißbrotschnitten toasten.

Inzwischen die Steinpilze in Olivenöl und Butter kurz braten (sautieren). Zum Schluss salzen und pfeffern, 1–2 Kaffeelöffel Knoblauchöl untermischen. Heiße Röstbrotschnitten mit Knoblauchöl bepinseln, nebeneinander auf die Teller legen, Steinpilze darauf häufen.

Wenn gewünscht, kurz vor Ende der Bratzeit etwas gehackte Petersilie unter die Pilze mischen oder frittierte Petersilie zum Schluss über die angerichteten Steinpilzbrote streuen.

→ Wenn man es öfter verwendet, kann man sich das Knoblauchöl auf Vorrat in ein Einweckglas füllen. Dafür die Zehen von 2 Knoblauchknollen in Scheiben schneiden, in das Glas legen und mit Olivenöl auffüllen. 1 Woche an einem kühlen, aber nicht kalten Ort ziehen lassen.

Geröstete Eierschwammerl *mit* Ei

Pfifferlinge werden in Österreich wegen ihrer gelben Farbe „Eierschwammerl" genannt. Hochburgen sind die Wälder der Steiermark und Kärntens. Eine kleine Portion geröstete Eierschwammerl mit Ei ist eine herrliche Sommervorspeise.

ZUTATEN FÜR 4 VORSPEISEN

600 g Eierschwammerl
3 große Eier
Salz
50 g Butter
60 g fein gehackte Zwiebel
1 EL fein gehackte Petersilie
Pfeffer
Petersilie oder Schnittlauch zum Bestreuen

GETRÄNKE-TIPP

Bei so viel Ei darf es im Glas prickeln: Pils oder Brut, das ist hier die Frage. Auch gereifter Chardonnay, Weißburgunder oder Neuburger machen gute Figur.

ZUBEREITUNG

Eierschwammerl sauber waschen, trocknen, die größeren auseinanderschneiden. Eier mit einer Gabel verschlagen, salzen. Butter in einer Pfanne erhitzen, Zwiebel leicht anschwitzen, Eierschwammerl dazugeben, Temperatur erhöhen und zügig durchrösten. Wenn die Schwammerl zu viel Flüssigkeit lassen, Hitze erhöhen und einkochen lassen. Salzen, pfeffern, gehackte Petersilie untermengen.

Verschlagene Eier eingießen, immer wieder mit einem Holzspatel auseinanderziehen und flüssiges Ei auf den heißen Pfannenboden fließen lassen. Das gestockte Ei sollte innen noch etwas flüssig sein.

Schwammerl auf einem heißen Teller anrichten und mit gehackter Petersilie oder Schnittlauch bestreuen.

→ Dazu passen Petersilienerdäpfel und auf Wunsch grüner Salat.

Eierschwammerl *in* Rahmsauce

"Pfifferlinge à la Crème", bei uns "Eierschwammerl in Rahmsauce" genannt, stehen im Sommer in jedem besseren Wirtshaus auf der Speisekarte. Sie müssen immer frisch zubereitet werden. Wichtig ist, dass Sie gute, feste Schwammerl bekommen und alle längs durchschneiden, die größeren auch einmal quer. Das gibt einen intensiveren Geschmack. Als Beilage reicht man traditionell Serviettenknödel (s. S. 168), man kann die Sauce aber auch mit schmalen Bandnudeln als feines Pastagericht servieren.

ZUTATEN FÜR 4 VORSPEISENPORTIONEN

500 g Eierschwammerl
50 g Zwiebel
200 ml Schlagobers
100 ml Sauerrahm
40 g Butter
1 EL Mehl, Maisstärke oder Kartoffelstärke
2 EL fein gehackte Petersilie
200 ml Rindsuppe (s. S. 229)
Salz
Pfeffer

WEIN-TIPP

Harmonischer Weißwein mit Körper und Schmelz: Grüner Veltliner vom Löss, Chardonnay oder Weißburgunder ohne spürbaren Holzton.

ZUBEREITUNG

Pilze sauber putzen und in Stücke scheiden. Zwiebel fein hacken. Schlagobers und Sauerrahm gemeinsam versprudeln.

Zwiebel bei starker Hitze rasch in Butter anschwitzen, aber nicht braun werden lassen, Pilze rechtzeitig dazugeben. Bei starker Hitze rösten. Immer wieder mit einer Spachtel durchmischen und die Pfanne rütteln. Nach 2–3 Minuten beginnen die Pilze lebhaft zu quietschen und geben, wenn sie frisch sind, reichlich Wasser ab. Dieses weitgehend verdampfen lassen. Nach ca. 4 Minuten die Pilze mit Mehl oder Stärke stauben, gut vermischen und etwas durchrösten. Petersilie dazugeben, durchschwenken und kurz mitrösten. 1 kleinen Schöpfer Suppe angießen, nach 1 Minute einen zweiten. Bratrückstände vom Pfannenboden loskochen. Suppe einkochen lassen, noch einen kleinen Schöpfer Suppe dazugeben, wieder bei großer Flamme einkochen lassen. Hälfte des Rahmgemischs eingießen. 2–3 Minuten einreduzieren, restlichen Rahm eingießen, etwas reduzieren und jetzt erst salzen und pfeffern. Bei reduzierter Hitze ziehen lassen (Zubereitungsdauer insg.: ca. 12 Minuten).

Hedi: "Es gibt auch Rezepte mit Wein, aber ich finde, der Pilzgeschmack kommt ohne Wein besser zur Geltung und das Gericht schmeckt natürlicher nach Wald."

HAUPT-
SPEISEN

Gesotten, gebraten, geschmort – bei den Hauptspeisen spielt die österreichische Küche alle Trümpfe aus. Die folgenden Rezepte sind nicht nur Klassiker im Gasthof Klinger, sondern auch wunderbare Beispiele der österreichischen Familienküche. Ob aus der Pfanne, dem großen Topf oder der Bratreine: Diese deftigen und trotzdem feinen Gerichte begeistern auch anspruchsvolle Feinschmecker.

Das Herzstück dieses Kapitels sind die großen Braten, die meine Mutter wohl wie kaum eine andere Wirtin gepflegt hat: Hausrucker Schopfbraten mit Stöcklkraut, Kalbsbraten, gefüllte Kalbsbrust oder Burgunderbraten gelingen nach diesen Anleitungen auch bei Ihnen zu Hause. Ein knuspriges Brathendl oder eine Bauernente mit dem richtigen Saftl finden Sie auf diesen Seiten genauso wie die Rezepte für das legendäre Klingergulasch, g'schmackige Pfannengerichte sowie Hedis einzigartige Wildgerichte.

Forelle Müllerin

Auf diese klassische Art kann man auch viele andere Fische zubereiten. Zum Muttertag fuhren wir als Kinder mit den Eltern manchmal an den Traunsee, wo es noch heute die besten Reinanken gibt.

Eine besondere Spezialität sind die kleinen Attersee-Saiblinge. Sie sind kaum zu bekommen, weil die Attersee-Wirte meistens die Hand auf dem gesamten Fang haben. Aber wenn Sie im August ein paar von den kaum 20 cm langen, festfleischigen Seesaiblingen ergattern können, bereiten Sie sie genauso zu. Manche Fischer legen die Seesaiblinge einige Stunden in Milch ein, bevor Sie sie nur mit Salz und Pfeffer in Butter braten.

ZUTATEN

2 Forellen

Salz

Zitronensaft

griffiges Mehl zum Wenden

250 g Erdnussöl

100 g Butter

2 KL gehackte Petersilie

WEIN-TIPP

Glockenklarer Riesling oder mineralischer Grüner Veltliner, aber auch junger steirischer Morillon oder Sauvignon aus guter Lage.

ZUBEREITUNG

Forellen innen und außen salzen. Nur innen mit Zitronensaft einreiben, in griffigem Mehl wenden.

Erdnussöl gut heiß werden lassen. Fische einlegen und auf jeder Seite etwa 3–4 Minuten schön knusprig braten.

Forellen aus der Pfanne nehmen und auf Küchenkrepp abtropfen lassen. Fett abgießen. Pfanne mit Küchenkrepp auswischen. Butter in die heiße Pfanne geben und Forellen wieder einlegen. Die Butter aufschäumen lassen, Forellen in der heißen Butter wenden und auf heißen Tellern anrichten. Gehackte Petersilie kurz in der heißen Butter aufschäumen lassen und über die Forellen gießen.

→ Mit Petersilerdäpfeln, Zitronenspalten und grünem Salat servieren.

Die verscharrten Forellen

Im Weinbach bei Gaspoltshofen tummelten sich zahlreiche Forellen.

Das Fischwasser gehörte dem legendären Sattlermeister und Kunstmaler Konrad Nowotny. Wir Buben lernten von einem etwas älteren Freund aus Ungenach, die glitschigen Forellen mit der Hand zu fischen. Bei einem Tümpel stiegen wir behutsam in den seichten Bach und näherten uns langsam dem steilen Ufer. Dort, in den Aushöhlungen unter Bäumen, standen die Prachtexemplare und wähnten sich in Sicherheit. Der Fisch musste für Rechtshänder mit dem Kopf nach links stehen. Wir brachten beide Hände vorsichtig wie offene Klammern in Stellung: die Rechte von oben über dem hinteren Drittel des Fisches, die linke von unten her rund um das Maul, voll konzentriert und bereit zum gleichzeitigen Zuklammern mit beiden Händen. Wenn der Fisch die Gefahr bemerkte, schoss er nach vorne davon, direkt in die linke Hand. Jetzt hieß es fest zupacken und die heftig schlagende Forelle fixieren.

Anfangs waren wir mit dem Erfolgsgefühl zufrieden und warfen die Fische wieder zurück ins Wasser. Doch einmal wollten mein Bruder Wolfgang, unser Freund Werner Mai und ich den Fang nach Hause bringen und verspeisen. Fünf Stück hatten wir erbeutet und in einem Plastiksack zu Werners vermeintlich liberaler Mutter gebracht. Doch entgegen unseren Erwartungen wollte sie den Dieben die Fische nicht braten. Bei meiner strengen Mutter blitzten wir ebenfalls ab. Und da es zu regnen anfing, konnten wir auch kein Feuer machen. So mussten wir die herrlichen Forellen letztlich in der Erde verscharren, um die Spuren der Tat zu tilgen. Am Abend im Wirtshaus hielt uns Konrad Nowotny zum Spaß eine ernste Lektion über den Begriff Eigentum. Meine Mutter hatte ihm alles gestanden. Er aber hatte nur lachend entgegnet: „Hätt'st da s' eana håt bråten!" Aber das erfuhr ich erst Jahre später.

Seesaibling *in* Veltliner

Das ist ein genial einfaches, schnelles Rezept, bei dem man auch ohne Fischfond eine herrliche Weißwein-Fischsauce bekommt. Man kann ruhig etwas mehr Sauce machen, denn sie lässt sich wunderbar mit frischem Weißbrot auftunken.

ZUTATEN

SEESAIBLINGE
15 g fein gehackte Schalotten
15 g Butter
125 ml Grüner Veltliner
4 Seesaiblingsfilets mit Haut (ca. 150 g pro Stück)
200 ml Schlagobers plus 1 EL geschlagenes Obers
Salz
Pfeffer

LAUCHNUDELN
50 g Weißes vom Lauch, in feine Streifen geschnitten (Julienne)
1 kleines Stück Butter
150–200 g dünne Eier-Bandnudeln (Tagliolini)
Salz

WEIN-TIPP
Den elegantesten reifen Grünen Veltliner, den Sie im Keller haben.

ZUBEREITUNG

In einer Pfanne Schalotten in Butter leicht anschwitzen, mit Weißwein ablöschen, Filets mit Hautseite nach unten einlegen, nach 1 Minute umdrehen, Haut abziehen. Mit Schlagobers aufgießen, mit Salz und Pfeffer abschmecken, 2 Minuten ziehen lassen.

Fischfilets herausheben und warm stellen. Sauce kurz aufkochen. Geschlagenes Obers unterziehen, kurz aufschäumen und durch ein Sieb über den Fisch gießen.

Lauch in feine Streifen schneiden, in Butter anschwitzen, Nudeln in Salzwasser kochen, kurz abtropfen lassen, nicht abspülen, in die Pfanne zum Lauch geben und gut durchmischen.

→ Will man frische Kräuter wie Kerbel, Schnittlauch oder Dill in die Sauce geben, seiht man die Sauce nicht über den Fisch, sondern in eine Kasserolle und rührt auf kleiner Flamme die gehackten Kräuter kurz in die Sauce. Dann den Fisch halb mit der Sauce überziehen (nappieren).

Hechtnockerl *in* Riesling-Kerbel-Sauce

ZUTATEN FÜR 6 PERSONEN

NOCKERL

600 g Hechtfilet ohne Gräten
50 g Schalotten
20 g Butter
130 g Weißbrot ohne Rinde
600 ml Obers
1 Ei
Salz
Saft von ½ Zitrone
Pfeffer
Muskatnuss
¾ l Fischfond (s. S. 227)
1 Schuss trockener Riesling

SAUCE

¼ l Nockerl-Kochfond
125 ml trockener Riesling
2 cl Noilly Prat
80 g Butter in kleinen, eiskalten Stückchen
2 EL geschlagenes Obers
frisch gehackter Kerbel
Salz
Pfeffer
Zitronensaft

WEIN-TIPP

Ein fruchtiger, trockener, nicht zu säurelastiger Riesling, von dem Sie ein wenig zum Kochen abzweigen.

ZUBEREITUNG

Hechtfilet kalt stellen. Kleingeschnittene Schalotten in Butter glasig angehen lassen. Weißbrot in Scheiben schneiden und mit ⅛ l Obers vermischen. Schalotten und das verquirlte Ei dazugeben und alles kalt stellen.

Hechtfleisch salzen und mit der Brotmasse einmal durch den kalten Fleischwolf (feinste Scheibe) drehen. Masse wieder kalt stellen und nach 10 Minuten nochmals durch den Wolf lassen.

Eine Aluminiumschüssel in ein Eisbad (gesalzenes Eis) stellen, Masse hineingeben, restliches Obers langsam einrühren. Zitronensaft einrühren und mit Salz, Pfeffer und etwas Muskatnuss würzen. Masse durch ein Haarsieb streichen, ruhen lassen. Konsistenz mit Schlagobers oder Fond regulieren.

Fischfond in einem flachen Topf mit etwas Salz und Weißwein aufkochen. Mit einem in heißem Wasser angewärmten Suppenlöffel aus der Hechtmasse Nockerl formen und im Sud 8–10 Minuten zugedeckt ziehen lassen. Nockerl auf einem Tuch abtropfen lassen und bereithalten.

Der Fond, in dem die Nockerl gekocht wurden, ist die Basis für die Sauce: ¼ l Fond abmessen, mit Wein und Wermut aufkochen, auf ein Drittel reduzieren. Butterstücke einrühren, mit dem Mixstab aufmixen. Geschlagenes Obers unterheben, den gehackten Kerbel einrühren und mit Salz, Pfeffer und Zitronensaft abschmecken.

→ Die Nockerl lassen sich gut auf Vorrat machen und einfrieren.

→ Man kann mit den Kräutern variieren. Sehr gut schmeckt die Sauce auch mit frischen Dillspitzen.

Das original Klingergulasch

Lange bevor unser Gasthof im Hausruckviertel auch als Restaurant vielfach ausgezeichnet wurde – zu Zeiten, da es in keinem Wirtshaus eine Speisekarte gab und nur zu besonderen Anlässen größer aufgekocht wurde – war das scharfe Klingergulasch weit und breit legendär. Dazu gab es die knusprigen Mohn- oder Kümmelstangerl vom Heiglbäck in Altenhof. Das Gulasch hatte der aus Ostpreußen stammende schrullige Vieh- und Fleischhändler Willi Jureit meiner Oma beigebracht. Es war jahrzehntelang ein Haushit, auch unter der Pächterin Frau Wagner, die es dann als „Wagnergulasch" nach Meggenhofen exportierte.

Meine Oma röstete die Zwiebel ziemlich dunkel an. Das original Klingergulasch war sehr dunkel, fast schwarz, und es hatte immer einen Fettspiegel, der vor Paprika orangerot leuchtete. Meine Mutter hat es später etwas verfeinert und ohne „Kernfettn" zubereitet. Aber durchzogener Wadschinken, der beim Dünsten so schön geliert, und Schweineschmalz zum Anrösten sind natürlich weiterhin Fixstarter in unserem Rezept. Bei uns wurde immer viel mehr Saft gemacht, weil wir ihn auch für Würstl in Saft brauchten. Man konnte Frankfurter, Debreziner oder Knacker in Saft bestellen. Zum Festessen wurde das Gulasch mit einem Spiegelei, einem Einspänner und einem Essiggurken-Fächer.

ZUTATEN FÜR 10–12 PORTIONEN

- 2 kg Zwiebeln
- 2 kg Wadschunken; alternativ Gab (= hinteres Ausgelöstes) oder Schulterscherzl
- 100 g glattes Mehl
- 300 g Schweineschmalz
- 4 Knoblauchzehen
- 2 TL gemahlener Kümmel
- 2 TL gerebelter Majoran
- Salz
- 100 g Rosenpaprika edelsüß
- 2 l Rindsuppe (s. S. 229)

ZUBEREITUNG

Zwiebeln fein schneiden. Fleisch in Stücke der gewünschten Größe schneiden, in einer Schüssel in Mehl wenden.

In einem großen Edelstahltopf Zwiebeln im heißen Schmalz gut goldgelb anrösten. Fleisch dazugeben und gut 15–20 Minuten mitrösten.

Knoblauch, Kümmel, Majoran und Salz dazugeben. Paprika in die Suppe einrühren und angießen.

Hedi, ihr Mann und ihre Schwiegermutter beim Gulasch-Anrichten, ca. 1962

GETRÄNKE-TIPP

Herbes Bier, feuriger Zweigelt oder Blaufränkisch – oder ganz anders: rescher, gespritzter, junger Muskateller.

Gut umrühren, aufkochen lassen, zurückschalten und ca. 2 Stunden auf kleiner Flamme köcheln lassen. Wenn gewünscht, etwa 15 Minuten vor Ende der Garzeit Großteil des Saftes ohne Fleisch kurz im Mixer pürieren.

Hedi: „Ich lasse die Zwiebeln durch den Fleischwolf, das spart Arbeit. Dafür nehme ich aber nicht die Maschine, in der ich auch Süßspeisen mache. Je nach gewünschter Schärfe kann man einen Teil des edelsüßen Paprika durch scharfen ersetzen oder auch getrocknete Pfefferschoten mitdünsten."

Pikant-scharfes Lammgulasch

ZUTATEN

1 kg ausgelöste und zugeputzte Lammschulter

100 g Butter- und Schweineschmalz gemischt

2 größere fein geschnittene Zwiebeln

1 EL Rosenpaprika

1 geschälte, halbierte Knoblauchzehe

Salz

je 1 Zweig Thymian und Petersilie

1 ½ EL Mehl

etwas gehackte unbehandelte Bio-Zitronenschale

gut ½ l Rindsuppe (s. S. 229)

¼ l Sauerrahm und Schlagobers, gemischt

WEIN-TIPP

Süße und sanfte Schärfe – da darf man im Keller nach den weißen Reserven greifen: Sauvignon Blanc oder milde Spätlesen mit leichter Restsüße. Oder doch Rotwein wie leichtfüßiger, präziser Blaufränkisch oder ein gereifter St. Laurent.

ZUBEREITUNG

Fleisch in Würfel schneiden. Fett in einer Kasserolle erhitzen, Zwiebeln goldgelb anrösten. Mit Rosenpaprika vermengen, Lammfleisch und Knoblauchhälften dazugeben, salzen und mit ⅛ l Wasser aufgießen.

Kräuter mit Küchengarn zu einem Bukett binden, dazugeben. Andünsten lassen. Wenn das Wasser und der eigene Saft verdunstet sind, mit Mehl stauben, Zitronenschale beifügen und mit Suppe (1 EL zur Seite geben) und Rahm aufgießen. Auf kleiner Flamme ca. 15 Minuten köcheln lassen.

Fleisch und Kräuterbukett herausheben, Sauce mit einem Mixstab oder im Mixer durchmixen. Zusammen mit dem Fleisch ohne Kräuterbukett weiterdünsten, bis das Fleisch schön weich ist.

→ In der letzten Phase je nach gewünschter Schärfe 1–3 getrocknete, zwischen den Fingern zerbröselte Pfefferschoten dazugeben und kurz mitdünsten.

→ Als Beilage empfehlen sich Löffelnockerl (s. S. 166), Bandnudeln oder Erdäpfel.

→ Als Garnitur rote, gelbe und grüne Paprikaringe kurz in Butter anschwitzen.

Hedi: „Nach dem gleichen Rezept, aber ohne Pfefferschoten, mache ich auch Kalbsgulasch. Dafür nehme ich am liebsten das feinfaserige Fleisch von der vorderen Stelze und vom Hals."

Paprikaschnitzel *vom* Milchkalb

Das ist Hedis Originalrezept für einen echten Gasthof-Klinger-Klassiker, die Edelversion eines Allerweltsgerichts. Wer einmal diese Sauce gekostet hat, kommt nicht mehr davon los.

ZUTATEN

je ¼ grüne, gelbe, rote Paprikaschote

Butter zum Anschwitzen

8 ca. 1 cm dicke Schnitzel vom Kalbsrücken

Salz

etwas glattes Mehl

Olivenöl und Butter zu gleichen Teilen zum Braten

⅛ l Rindssuppe (s. S. 229)

⅛ l Kalbsfond (s. S. 228)

⅛ l Sauerrahm

⅛ l Schlagobers plus 2 EL leicht geschlagenes Schlagobers

1 MS Cayennepfeffer

Rosenpaprika edelsüß

WEIN-TIPP

Mittelkräftiger Grüner Veltliner, etwas kräftigerer Weißburgunder oder ein großer, gereifter Lagen-Sauvignon.

ZUBEREITUNG

Für die Garnitur Paprikaschoten in feine Ringe schneiden und in Butter kurz anschwitzen. Warm halten.

Kalbsschnitzel leicht plattieren, salzen, 1 Seite leicht mehlieren. Schnitzel in Butter und Olivenöl mit der mehlierten Seite nach unten gut anbraten. Farbe nehmen lassen, umdrehen, zweite Seite braten. Aus der Pfanne nehmen und warm halten.

Suppe und Fond in die leere Bratpfanne angießen, Bratensatz loskochen. Sauerrahm und Schlagobers gut versprudeln, dazugeben und alles gut vermengen

Paprikapulver dazugeben und gut verquirlen, aufkochen lassen. Den Cayennepfeffer in die Sauce streuen und mitkochen lassen. Sauce etwas reduzieren. Durch ein Sieb seihen, nochmals leicht einkochen lassen, geschlagenes Schlagobers unterrühren. Mit Salz abschmecken.

Schnitzel auf gut vorgewärmte Teller legen. Mit Sauce nappieren oder ganz überziehen. Ein kleines Nest Paprikaringe als Garnitur drauflegen.

→ Mit feinen Nudeln, Reis und/oder Erdäpfeln servieren.

Hedi: „Paprika muss sachte verkochen, das braucht etwas Zeit."

Paprikahendl

Im Gegensatz zum dunkleren, schärferen Rindsgulasch, das vom ungarischen „Pörkölt" abstammt, geht das Paprikahendl wie auch das Kalbsgulasch auf die ungarischen „Paprikás"-Varianten zurück.

ZUTATEN FÜR 3–4 PORTIONEN

1 Junghendl (ca. 1200 g)

Salz

glattes Mehl zum Mehlieren und Binden

2 EL Butterschmalz

140 g fein gehackte Zwiebeln

500 ml Hühner- oder Gemüsefond (s. S. 228 bzw. 229)

25 g Paprika edelsüß

60 ml Sauerrahm

60 ml Schlagobers

4–5 Petersilienstängel

1 kleines Stück rote Chilischote (je nach gewünschter Schärfe)

2 EL geschlagenes Obers

WEIN-TIPP

Mittelkräftiger Grüner Veltliner, etwas kräftigerer Weißburgunder oder ein eleganter Sauvignon-Ortswein.

ZUBEREITUNG

Hendl waschen, abtrocknen, den Kragen abschneiden und zur Seite legen. Hendl vierteln, das Rückgrat dabei herausschneiden und ebenfalls zur Seite lege (Kragen und Rückgrat werden mitgedünstet und vor dem Servieren entfernt). Von den vorderen Vierteln die Flügerl an der Brust abtrennen. Die Flügelspitzen abschneiden und weggeben. Die hinteren Viertel in Haxerl und Oberkeule teilen. Die so entstandenen 8 Teile salzen und leicht mehlieren.

Butterschmalz in einer hohen Pfanne oder Kasserolle heiß werden lassen. Die Hühnerstücke auf der Oberseite anbraten. Wenn sie Farbe bekommen haben, wenden und die zweite Seite anbraten. Hühnerteile herausnehmen und im verbliebenen Fett die Zwiebeln kurz anrösten. Mit Fond aufgießen und den Bratensatz ablösen. Paprikapulver dazugeben, Sauerrahm und Schlagobers mit 15 g Mehl glattrühren und ebenfalls unterrühren. Hühnerteile wieder hineinlegen, Petersilienstängel und, wenn gewollt, Chili dazugeben. Zugedeckt auf kleiner Flamme 30 Minuten dünsten lassen. Damit sich die Sauce nicht anlegt, hin und wieder umrühren. Hühnerteile nach der Hälfte der Zeit einmal umdrehen.

Hühnerstücke und Petersilienstängel herausnehmen, Sauce in einem Mixglas oder mit dem Stabmixer pürieren, bis sie schön glatt und homogen ist. Hühnerstücke wieder zurück in die Sauce legen und fertig dünsten, bis sich das Fleisch an den Haxerln leicht löst und der Fettanteil in der Sauce sich im rotglänzenden „Spiegel" abgesetzt hat.

→ Dazu passen am besten Löffelnockerl (s. S. 166) oder, wenn wenig Zeit ist, Nudeln oder Erdäpfel.

Champignon-Rahmschnitzel

Ob ein Champignonschnitzel ein banales oder ein geniales Gericht ist, hängt von der Qualität der Zutaten und der Sorgfalt der Zubereitung ab. Im besten Fall wird dieser Wirtshausklassiker zu einer wahren Gaumenfreude.

ZUTATEN

- ⅛ l Obers
- ⅛ l Sauerrahm
- 4 ca. 1 cm dicke Kalbschnitzel (am besten vom Rücken)
- Salz
- 1 EL glattes Mehl
- 250 g Champignons
- Butter zum Braten
- ¼ l Rindsuppe (s. S. 229)
- Erdnussöl zum Braten
- Pfeffer
- 2 EL geschlagenes Obers

WEIN-TIPP

Eleganter Weißwein mit Rückgrat, aber ohne Holz: Chardonnay, Weißburgunder, Grüner Veltliner oder ein Wiener Gemischter Satz aus guter Lage.

ZUBEREITUNG

Obers und Sauerrahm verquirlen.

Schnitzel leicht mit der Hand plattieren, salzen und eine Seite leicht mehlieren.

Champignons 3 mm dick blättrig schneiden. Nicht salzen! In einer Pfanne in Butter rasch sautieren. Champignons herausheben und warm halten. Bratrückstände der Pilze mit etwas Rindsuppe ablöschen.

Schnitzel am besten in einer Eisenpfanne beidseitig in Erdnussöl scharf anbraten. Ein nussgroßes Stück Butter dazugeben, durchschütteln, Champignonfond dazugeben. Alles gut durchkochen, Fleisch herausheben und warm halten.

Leere Pfanne mit ganz wenig Suppe ablöschen, den Bratensatz gut ablösen, Saft durch ein feines Sieb seihen. Pfanne nochmals mit Suppe ablöschen und alles sauber ablösen. Durch das Sieb zum Saft gießen. Durchgeseihten Saft zurück in die Pfanne geben und das Rahmgemisch dazugießen. Mit dem Schneebesen gut verrühren, mit Salz und Pfeffer abschmecken, gut verkochen lassen. Zum Schluss den Saft, den die Schnitzel beim Warmhalten lassen, und geschlagenes Obers unterrühren.

Schnitzel auf heißen Tellern anrichten, mit Champignons belegen und mit der Rahmsauce nappieren.

Hedi: „Bei diesem Rezept ist wichtig, dass man rasch arbeitet."

Wiener Schnitzel

Wer glaubt, dass es in Wien die besten Wiener Schnitzel gibt, ist auf dem Holzweg. Die Suche nach einem wirklich guten Schnitzel wird in Wien mitunter zum Spießrutenlauf. Die meisten Schnitzel kommen in Wien wie im übrigen Österreich aus der Fritteuse. Starköche geben sich nicht gerne mit diesem vermeintlichen Allerweltsgericht ab, und wenn, dann meint man, das Original werde mit Butterschmalz am besten.

Für mich kommen die besten Schnitzel von oberösterreichischen Bauernwirtshäusern, die bei Hochzeiten die Schnitzel noch heute in Schweineschmalz herausbacken. So eine Institution war zum Beispiel das Elternhaus meiner Mutter, der ehemalige Huberwirt in Aistersheim.

ZUTATEN

4 Kalbschnitzel vom Kaiserteil

Salz

60 g griffiges und glattes Mehl gemischt

2 Eier

100 g Semmelbrösel

750 g Schweineschmalz

WEIN-TIPP

Junger, frischer Grüner Veltliner oder Welschriesling für Durstige; alternativ nur leicht gereifte erstklassige Reserven. Zum Gebackenen, speziell zu Bries oder Pilzen, sind auch weiße Burgundersorten, Rotgipfler und speziell der Wiener Gemischte Satz in ihrem Element.

ZUBEREITUNG

Schnitzel mit dem Plattiereisen nicht zu dünn klopfen (4–6 mm) und beidseitig gut salzen. Hautränder einschneiden, damit sich das Schnitzel beim Backen nicht krümmt. 3 Suppenteller nebeneinander aufstellen: In den ersten Mehl geben, im zweiten Eier mit einer Gabel verschlagen, salzen und einen Schuss Wasser dazugeben, in den dritten die Semmelbrösel geben.

Schnitzel im Mehl wenden, leicht abklopfen, es soll nur eine hauchdünne Mehlschicht haften bleiben. Beidseitig durch Ei ziehen, abtropfen lassen, in Bröseln wenden. Brösel sanft andrücken. Überschüssige Brösel abschütteln, Schnitzel zum Backen bereithalten.

In einer großen, flachen Pfanne etwa 2–3 cm hoch Schweineschmalz erhitzen. Schnitzel nebeneinander ins heiße Schmalz legen und 1 ½–2 Minuten auf jeder Seite backen. Die Pfanne dabei immer wieder bewegen, damit die Schnitzel „schwimmen" und die Panier soufliert.

Wenn die Schnitzel knusprig gebräunt sind, aus dem Fett heben, auf Küchenkrepp abtropfen lassen, in einer mit Küchenrolle ausgelegten feuerfesten Form kurz warm halten, bis alle Schnitzel fertig sind. Auf heißen Tellern anrichten.

→ Weniger bodenständig, dafür feiner werden die Schnitzel mit ⅓ Butterschmalz, ⅔ Schweineschmalz.

→ Die richtige Temperatur ist wichtig: Ist das Fett nicht heiß genug, wird die Panier fetttriefend und schlapp, ist das Fett zu heiß, verbrennen die Brösel.

→ Zum Schnitzel serviert man Zitronenspalten und eventuell Petersilerdäpfel, jedenfalls aber Salat: Wiener Erdäpfelsalat, Häuptelsalat oder gemischten Salat.

Gebackenes Kalbsbries

Bries gut zuputzen, grobe Häute und Blutgerinsel entfernen, Bries gut wässern. Kurz blanchieren und etwas ziehen lassen. In Roserl zerteilen, nochmals sauber putzen, auch die feinen Häute entfernen. Wie Schnitzel ausbacken.

Gebackene Pilze

Champignons, Parasole, Boviste oder Herrenpilze kann man genauso zubereiten, wobei man für Vegetarier ein hitzebeständiges Öl verwendet, zum Beispiel Erdnussöl.

Hedi: „Das Fett ist heiß genug, wenn es ganz ruhig geworden ist. Meine Großmutter sagte immer: ,'s Fett passt, wenn's nimma redt."

„So und nicht anders möchte man
ein Wiener Schnitzel serviert bekommen.
Ein Botticelli der Schnitzelkunst!"

(Wolfram Siebeck,
DER FEINSCHMECKER)

Backhendl

Achten Sie darauf, für Backhendl die bestmögliche Qualität zu kaufen. Heute gibt es in fast jedem Supermarkt gute Biohendl. Auch wenn sie teurer sind als Tiere aus konventioneller Haltung – es lohnt sich, der Unterschied macht sich bemerkbar.

ZUTATEN

3 Eier

Salz

50 g griffiges und glattes Mehl gemischt

100 g Semmelbrösel

1 Hendl

500 g Schweineschmalz

500 g Butterschmalz

2 Zitronen

WEIN-TIPP

Rescher Grüner Veltliner oder Riesling erfrischt den Gaumen; in der Thermenregion gilt der harmonische Neuburger als „Backhendlwein", ein Titel, der in der Weststeiermark dem Schilcher, in Klöch dem Traminer gebührt.

ZUBEREITUNG

Eier mit einem Schuss Wasser verquirlen, salzen und in einen tiefen Teller gießen. Mehl und Semmelbrösel in zwei anderen tiefen Tellern bereithalten.

Zum Zerlegen des Hendl bei den Schenkeln beginnen, hineingreifen und vom Körper her durchschneiden. Flügel kurz oder länger abschneiden. Umdrehen, dem Brustbein entlang mit dem Messer einschneiden und Hendl mit der Geflügelschere auseinanderschneiden. Brüste auslösen, Hinterkeulen auslösen (evtl. auseinanderdrücken und Haxerl im Gelenk abschneiden). Rippen und hintere Wirbelsäule abschneiden und für anderweitige Verwendung aufheben, zum Beispiel für Suppe oder Fond. Haut nach Wunsch abziehen oder belassen.

Hendl salzen, in Mehl wenden, durch das Ei ziehen, in Bröseln wenden und Brösel gut andrücken.

Schmalzmischung in einer Pfanne erhitzen. Keulen als Erstes einlegen und langsam auf Stufe 2 ausbacken. Keulen brauchen gut 20 Minuten, andere Hendlteile etwas kürzer. Fett nicht überhitzen, dann kann man bis zu 3 Lagen backen, dabei muss man jedoch das Fett jedes Mal durchseihen.

Fertige Hendlteile aus dem Fett heben, in einer mit Küchenrolle ausgelegten feuerfesten Form warm halten, bis alle Stücke fertig sind. Mit je ½ Zitrone servieren.

→ Für starke Esser nehmen Sie pro Person ein halbes Hendl.

Kalbskotelett *mit* Spargel

Der Kalbsrücken ist ein herrliches Stück Fleisch, wenn das Kalb richtig gefüttert und stressfrei geschlachtet wurde. Wird der Rücken mit dem Knochen in Tranchen geschnitten, bekommt man entweder Kalbskoteletts oder, wenn das Kotelett bis auf das Rückenstück zugeputzt und der Knochen sauber freigelegt wird, sogenannte Chops. Die gibt's übrigens auch vom Lamm. Weiter unten am Rücken sitzt das Filet. Wird es nicht ausgelöst, sondern quer mitgeschnitten, hat man ein Kalbs-T-Bone-Steak, das man auf die gleiche Weise zubereiten kann.

ZUTATEN
12 Stangen weißer Spargel (mittlere Dicke)
Salz
etwas Zucker
etwas Butter
4 Kalbskoteletts oder Chops
Erdnuss- oder Rapsöl zum Braten
Pfeffer
1 Kalbsniere
wenig Rindsuppe (s. S. 229)

WEIN-TIPP
Kräftige, gereifte Weiße (Burgunder, Grüner Veltliner, Riesling oder Lagen-Sauvignon) oder Rotweine auf Zweigelt-Basis (zum Beispiel Neusiedlersee DAC Reserve, Pannobile oder Carnuntum) oder gereifter Merlot.

ZUBEREITUNG
Backrohr auf 80 °C vorheizen. Spargel in Salzwasser mit Zucker und etwas Butter kochen.

Kalbskoteletts salzen und am besten in einer Eisenpfanne in Erdnuss- oder Rapsöl rasch anbraten, dabei die Koteletts zuerst aufstellen und die Ränder schön bräunen, danach die Seiten.

Koteletts pfeffern und ins warme Rohr geben und ruhen lassen. Die Niere von den Harnsträngen befreien und in 2 cm dicke Scheiben schneiden (Fett daranlassen!). Weder salzen noch pfeffern. Im eigenen Fett in einer separaten Pfanne kurz beidseitig knusprig braten.

Koteletts aus dem Rohr nehmen und mit Nierenscheiben auf heißen Tellern anrichten.

Bratensatz der Niere mit ganz wenig Suppe ablöschen, Saft zum Bratensatz der Koteletts geben. Alle Bratreste ablösen, Saft kurz verkochen und durch ein feines Sieb über das Fleisch seihen. Mit den Spargelstangen anrichten.

→ Als Beilage empfehlen sich Petersilerdäpfel.

→ Man kann den Koteletts einen mediterranen Charakter verleihen, indem man sie nach dem Anbraten in Erdnussöl mit Butter und Salbei oder nur mit Olivenöl und Rosmarin parfümiert. In diesem Fall kann man als Beilage Rosmarinkartoffeln und grüne Bohnen, Grünspargel oder einen Salat servieren.

Hedi: „Zum Anbraten verwendet man am besten ganz wenig Erdnuss- oder Rapsöl, denn die sind hitzebeständig, und man braucht eine heiße Pfanne, damit das Fleisch eine schöne braune Kruste bekommt. Nach dem Anbraten schaltet man zurück und gibt gutes Olivenöl und Butter dazu. Wichtig ist, dass das Fleisch im Rohr bei 70–80 °C zumindest eine Viertelstunde entspannen kann."

Kalbsleber *mit* Apfel *und* Zwiebel

Meine Mutter nimmt für dieses Rezept am liebsten ungespritzte James-Grieve- oder Gravensteiner Äpfel. Sie schält sie nicht, denn die Schale gibt beim Braten einen besonders guten Geschmack. Wer die Haut nicht mitessen mag, kann sie einfach abziehen.

ZUTATEN

4 ca. 1 cm dicke säuerliche Apfelscheiben
Butter zum Braten
4 ca. 1 cm dicke Kalbsleberfilets
Olivenöl zum Braten
Pfeffer
etwas Wasser oder Rindsuppe (s. S. 229)
Salz
Röstzwiebeln (s. S. 122)
4 TL Preiselbeeren

WEIN-TIPP

Süße Frucht- und Röstnoten harmonieren mit der Pikanz eines jungen Blaufränkisch oder auch mit reiferen Sortenvertretern im eher puristischen Stil. Auch Zweigelt oder Cuvées mit Zweigelt und Blaufränkisch passen gut.

ZUBEREITUNG

Apfelscheiben in Butter braten, dass sie gut durchgewärmt sind, aber noch etwas Biss haben.

Leber nicht würzen. In Olivenöl gefühlvoll anbraten, Butter dazugeben, durchschwenken. Leber wenden. Erst dann die angebratene Seite pfeffern. Nicht salzen! Leber herausnehmen und warm halten.

Bratensatz der Äpfel mit Wasser oder Suppe vom Pfannenboden lösen und mit dem Saft den Bratensatz der Leber in der anderen Pfanne ablöschen. Butter in die Sauce geben, ganz leicht salzen und kurz sanft durchkochen lassen.

Leber auf heißen Tellern anrichten, Sauce durch ein feines Sieb darüber ziehen. Filets längs mit je 1 Streifen Röstzwiebeln belegen und Apfelscheiben an die Filets legen. In die Mitte der Apfelscheiben je 1 TL Preiselbeeren setzen.

→ Das karamellisierte Apfelaroma verfeinert den Natursaft der Leber auf raffinierte Weise.

→ Als Beilage serviert man nach Wunsch Reis, Erdäpfelpüree oder Petersilerdäpfel.

Hedi: „Ich habe vier Kalbslebervarianten im Repertoire: einfach naturgebraten, dazu die Versionen nach ‚Berliner Art' mit Apfel und Zwiebel, auf ‚Tiroler Art' mit Zwiebel und Speck oder im Sommer naturgebraten und mit frischem Basilikum bestreut. Auf Wunsch serviere ich die Leber auch geröstet, obwohl mir dafür eine schöne Kalbsleber eigentlich zu schade ist. Und auf die kommt es zuerst an: auf die Qualität der Kalbsleber selbst. Da kenne ich keinen Kompromiss."

Schweinsfilet *auf* Försterart

Dieses Originalrezept von Hedi und auch die Variante mit Provencekräutern waren in den achtziger Jahren zwei der beliebtesten Klassiker auf der Speisekarte im Gasthof Klinger.

ZUTATEN

600–800 g Schweinslungenbraten
Pfeffer
Salz
30 g Schweineschmalz oder eine Mischung aus Butter und Olivenöl
16 dünne Scheiben Rauchspeck
200–300 g Champignons
etwas Rindsuppe (s. S. 229)
¼ l Sauerrahm
¼ l Schlagobers
1 EL geschlagenes Obers

WEIN-TIPP

Trockene Veltliner oder Burgunder-Spätlesen mit ein paar Jahren Reife und immer wieder auch ein sanfter Pinot Noir oder Zweigelt harmonieren gut mit Gemüse, Pilzen, Rahmsauce und dem rosa gebratenen Filet.

ZUBEREITUNG

Schweinefilet pfeffern und salzen und am besten in einer Eisenpfanne im Schweineschmalz oder in Butter und Olivenöl gut anbraten. Dann mit Speck belegen, daneben die restlichen Speckscheiben und die 3 mm dick blättrig geschnittenen Champignons mit anbraten. Pfanne zur Seite stellen.

Fleisch in einer Reine ins auf 160 °C vorgewärmte Rohr schieben und den Ofen ausschalten. Je nach Dicke des Filets ca. 20 Minuten rasten lassen. Speck und Champignons separat warm halten.

Die leere Pfanne mit Rindsuppe angießen und Bratrückstände lösen. Sauerrahm und Schlagobers verquirlen und zur Sauce geben. Aufkochen und etwas reduzieren, abschmecken. Zum Schluss noch den ausgelaufenen Saft vom Filet und zu allerletzt geschlagenes Obers hineinrühren.

Filet aufschneiden, einen Saucenspiegel auf einen heißen Teller gießen, die rosa Fleischscheiben fächerartig daraufsetzen, mit den knusprigen Speckscheiben und den Pilzen belegen.

→ Statt Champignons kann man in der Saison auch Eierschwammerl oder Steinpilze verwenden.

→ Man kann die Filets auch in der Pfanne rosa braten und dann im Rohr bei 80 °C rasten lassen, so lange man will.

→ Mit Erdäpfeln und Gemüsegarnitur servieren, zum Beispiel Brokkoli, Karfiol und Karottengemüse.

Hühnerbrust „Wielander"

Ein Rezept des legendären Südtiroler Kochs Andreas Hellrigl, das leicht abgewandelt zu den Klassikern im Gasthof Klinger zählte. Es ist bei den Stammgästen so beliebt, dass wir es gar nicht mehr von der Karte nehmen können.

ZUTATEN

4 ausgelöste Hühnerbrüste
Salz
Pfeffer
Erdnussöl zum Braten
150 g Champignons
100 g Rauchschinken
etwas Rind- oder Hühnersuppe (s. S. 229)
⅛ l trockener Weißwein, zum Beispiel harmonischer Sauvignon, Riesling oder Müller Thurgau
150 ml Obers
150 ml Sauerrahm

WEIN-TIPP

Ein trockener, aromatischer Weißwein passt hier am besten, zum Beispiel Riesling oder Sauvignon Blanc. Es muss nicht der Wein sein, der für die Sauce verwendet wurde.

ZUBEREITUNG

Hühnerbrüste salzen und pfeffern. In einer Pfanne Erdnussöl erhitzen, Hühnerbrüste kurz anbraten, dann zurückschalten und sanft fertiggaren, sodass sie sehr saftig bleiben.

In einer zweiten Pfanne blättrig geschnittene Champignons und Rauchschinkenstreifen nebeneinander sautieren, vermischen, herausheben und warm halten.

Bratensatz mit wenig Suppe ablöschen und zu den Hühnerbrüsten geben. Brüste herausheben und warm stellen. Bratenfond mit Wein ablöschen und einreduzieren.

Obers und Sauerraum verquirlen, angießen und wieder einreduzieren. Sauce mit Salz und Pfeffer abschmecken und auf vorgewärmte Teller verteilen. Hühnerbrüste auf die Sauce setzen und mit Schinken-Champignon-Garnitur bedecken.

➙ Mit Petersilerdäpfeln oder Reis und einer Gemüsegarnitur (am besten Karotten und Brokkoli) servieren.

Hedi: „Nehmen Sie für dieses Rezept einen saftigen, zart geräucherten Kochschinken. Ich finde, Champignons werden unterschätzt, weil sie einfach zu züchten und günstig sind, besonders die braunen Egerlinge. Sie schmecken aber nicht nur bei diesem Rezept einfach köstlich!"

Zwiebelrostbraten *nach* Art des Hauses

Vielleicht macht Mama so oft Rahmsaucen, weil wir neben der von meinem Urgroßvater gegründeten Molkerei wohnten. Wahrscheinlich aber ganz einfach, weil ihre Rahmsaucen so unglaublich gut schmecken. Dafür müssen sie genau die richtige Konsistenz haben und ohne zu viel Hitze auf den Punkt einreduziert werden. Nur dann gibt es diesen wunderbaren Geschmack, der den Klinger-Zwiebelrostbraten zu einem Klassiker werden ließ.

ZUTATEN

ROSTBRATEN

4 20–25 mm dicke Beiriedschnitten

Salz

Pfeffer

etwas Mehl

Schweineschmalz zum Braten

etwas Rindsuppe (s. S. 229)

⅛ l Obers

⅛ l Sauerrahm

RÖSTZWIEBELN

1–2 Zwiebeln

Schweineschmalz zum Braten

etwas Mehl

WEIN-TIPP

Sanfter, gereifter, aber nicht ausgezehrter Rotwein, zum Beispiel zwei- bis drei-jähriger Zweigelt, fünf- bis sieben-jähriger Blaufränkisch, oder auch eine edle, gereifte Rotwein-Cuvée.

ZUBEREITUNG

Beiried an den Rändern einschneiden, salzen und pfeffern. Einseitig leicht mehlieren und mit der mehlierten Seite nach unten mit etwas Schweineschmalz in einer gerippten Grillpfanne scharf anbraten, damit die Poren sich gut schließen.

Fleisch auf der gleichen Seite um 90 Grad drehen, damit ein schönes Karomuster entsteht. Fleisch wenden und auf der zweiten Seite in derselben Weise fertigbraten. Fleisch herausnehmen und warm stellen.

Bratensatz mit Suppe ablösen, einreduzieren. Obers und Sauerrahm verquirlen, angießen, durchkochen, einreduzieren. Abschmecken.

Für die Röstzwiebeln Zwiebeln in ca. 1 mm dicke Scheiben hobeln, mit den Fingern auflockern. In einer Pfanne Schweinschmalz erhitzen. Zwiebeln mehlieren und im heißen Schmalz schwimmend goldgelb rösten. Auf Küchenkrepp abtropfen lassen.

Auf heiße Teller je 1 Stück Rostbraten legen, mit Sauce überziehen, Beilagen nach Wunsch anrichten, Röstzwiebeln großzügig auf dem Fleisch verteilen.

Sommerstimmung im Hausruck

Reindlrostbraten

Diese gedünstete Art des Zwiebelrostbratens war die absolute Leibspeise meines Vaters Willi Klinger senior. Die Wiener Küche kennt beim Rostbraten viele Varianten, er war aber immer auf der Suche nach dieser einen. Fündig wurde er selten, außer in der Küche meiner Mutter. Der Reindlrostbraten wird immer vom Rostbratenried zubereitet, einem marmorierten, saftigen Rückenstück von der Hochrippe, aus dem man auch Rib-Eye-Steaks schneiden kann. Beim Dünsten wird alles zart und weich, wenn das Fleisch aus verlässlicher Quelle stammt.

ZUTATEN

200 g weiße Zwiebeln
2 EL Schweinefett
4 Scheiben vom Rostbratenried (ca. 1 cm dick), gut abgelegen
Salz
Pfeffer
etwas Mehl
½ l Rindsuppe (s. S. 229)
⅛ l Schlagobers
⅛ l Sauerrahm

WEIN-TIPP

Gereifter, kräftiger Weißwein oder der beste Zweigelt, den Sie im Keller haben.

ZUBEREITUNG

Die Zwiebeln halbieren und mit der Schnittfläche aufs Brett legen, in dünne Scheiben schneiden. Im Schweinefett langsam weich dünsten und dabei nur leicht Farbe nehmen lassen. In ein Sieb leeren, mit einem Löffel das Fett ausdrücken und auffangen. Das Fleisch mit der Hand flachdrücken und die Häute am Rand leicht einschneiden, damit es sich beim Braten nicht wölbt. Mit Salz und grob gemahlenem schwarzem Pfeffer würzen, einseitig in Mehl drücken, leicht abschütteln. Mit der mehlierten Seite zuerst im Zwiebelfett beidseitig schön braun anbraten (je nach Größe der Fleischscheiben in 2 Durchgängen arbeiten). Mit etwas Rindsuppe ablöschen, Bratensatz loskochen. Die angebratenen Zwiebeln wieder dazugeben und mit Suppe aufgießen, bis der Rostbraten gut in der Flüssigkeit liegt. Zugedeckt 10 Minuten dünsten. Obers und Sauerrahm mischen, angießen. Weiterdünsten, bis der Rostbraten weich ist. Mit Salz und frisch gemahlenem Pfeffer abschmecken.

→ Klassisch dazu sind Löffelnockerl (s. S. 166). Wenn's schnell gehen muss, passen auch Spiralnudeln sehr gut.

Sautierte Filetspitzen

Dieses pikante Geschnetzelte vom Rindsfilet ist eine Variante des berühmten „Boeuf Stroganoff", jedoch ohne Essiggurken.

ZUTATEN (PRO PORTION)

120 g Rindsfiletspitzen
½ EL Schweineschmalz
2 EL fein gehackte Zwiebeln
80 g blättrig geschnittene Champignons
1 EL griffiges Mehl
2 cl Weinbrand oder Cognac
1 KL Paprikapulver edelsüß
1 MS Curry
Salz
Pfeffer
Majoran
⅛ l heiße Rindsuppe (s. S. 229)
1/16 l Schlagobers
1/16 l Sauerrahm
1 EL geschlagenes Schlagobers

WEIN-TIPP

Die Pikanz des Gerichts verlangt nach einem eleganten, aber extraktreichen Rotwein, zum Beispiel Blaufränkisch vom Spitzerberg oder Leithaberg oder nach einem Pinot Noir aus Niederösterreich.

ZUBEREITUNG

Rindsfilet in etwa 0,5 cm dicke Streifen schneiden. Schmalz in einer Pfanne erhitzen und Fleisch scharf anbraten. Zwiebel kurz mitrösten, Champignons dazugeben und Farbe nehmen lassen, dabei immer wieder durchrütteln. Mit Mehl stauben, durchschwenken und leicht anrösten, mit Weinbrand oder Cognac ablöschen und flambieren.

Fleisch mit dem Schaumlöffel aus der Pfanne nehmen und auf einem heißen Teller bereithalten. Alle Gewürze in die heiße Rindsuppe einrühren, Suppe in die Pfanne gießen. Bratensatz loskochen, Schlagobers mit Sauerrahm versprudeln und in die Pfanne geben.

Alles gut verkochen, damit eine gute Bindung zustande kommt. Fleisch wieder dazugeben, gut durchkochen, bis die gewünschte Konsistenz erreicht ist. Zum Schluss geschlagenes Obers unterziehen.

→ Beim Flambieren entsteht kurz eine Stichflamme, die jedoch gleich wieder verlöscht. Wichtig ist, dass man nicht zu viel Cognac erwischt und dass man sich beim Flambieren nicht über die Pfanne beugt.

→ Als Beilage passen Löffelnockerl (s. S. 166), Spätzle oder Nudeln.

Gekochtes Rindfleisch

Das gekochte Rindfleisch in seinen vielen Facetten ist eine tragende Säule der Wiener Küche. In der Hauptstadt wird es mit gerösteten Erdäpfeln, Apfelkren und kalter Schnittlauchsauce serviert. Bei Plachutta, wo das Rindfleisch in Kupferpfannen mit viel Suppe und einem Markknochen aufgetragen wird, stehen neben dem klassischen Tafelspitz täglich auch mehrere andere Teile vom Rind auf der Karte. Kenner schwören auf die saftigeren Stücke wie Schulterscherzl, Kruspelspitz und Beinfleisch. In Oberösterreich gibt es als Beilagen Erdäpfelschmarrn, Semmelkren und andere warme Saucen, deren Rezepte Sie auf der nächsten Doppelseite finden.

ZUTATEN FÜR CA. 8 PORTIONEN

1 kg Rindsknochen

2 kg Schulterscherzl (oder Tafelspitz, Hieferschwanzl, Kavalierspitz etc.)

Salz

300 g Karotten

150 g Sellerie

150 g Petersilienwurzel

150 g gelbe Rüben

Liebstöckel

Selleriegrün

Petersilie inkl. Stängel

10 Pfefferkörner

½ TL Piment

1 Lorbeerblatt

4 Muskatblüten

100 g Lauch

ZUBEREITUNG

Knochen kalt waschen, Wasser zustellen. Gewaschene Knochen ins kochende Wasser geben und kurz blanchieren. Herausnehmen und kalt abschwemmen. Knochen wieder mit 2 l kaltem Wasser zustellen und aufkochen. 3 l Wasser dazugeben, zum Kochen bringen. Fleisch ins kochende Wasser geben, wieder ankochen.

Zurückschalten und auf kleiner Flamme köcheln, Schaum abschöpfen. Nach 30 Minuten salzen. Nach ca. 1 weiteren Stunde Wurzelgemüse, Kräuter und Gewürze dazugeben (ideal etwa 1 Stunde vor dem Abseihen). Lauch nach 2 Stunden hinzugeben.

Nach ca. 2 ½–3 Stunden, wenn das Fleisch weich ist, Suppe durch ein feines Sieb abseihen und Fleisch in etwas Suppe warm halten. Fleisch aufschneiden. Auf heißen Tellern mit etwas Suppe übergossen servieren.

↪ Dazu passt Erdäpfelschmarrn (s. S. 161).

WEIN-TIPP

Tafelspitz & Co erweisen sich in Sachen Weinbegleitung einigermaßen kapriziös, denn erst die Aromatik der Beilagen bringt das milde Siedefleisch als Spezialität zur Geltung. Und so muss es schon ein komplexer Weißwein mit einigem Schmelz oder ein fruchtiger, mittelschwerer Rotwein, kühl serviert, sein, der Apfel- oder Semmelkren abfedern kann.

Kräftiger Grüner Veltliner: Er hebt die Aromen und kommt auch mit der Schärfe des Krens gut zurecht.

Reifer Riesling: Gekochtes Rindfleisch ist eines der Gerichte, die auch von der Fruchtintensität und dem Schmelz eines reifen Rieslings profitieren können.

Alternativen: Kräftige Weißburgunder oder fruchtige Zierfandler. Klassischer Grüner Veltliner oder Gemischter Satz erfrischt, bleibt aber eher im Hintergrund.

Rotwein: Mittelschwerer Zweigelt oder Blaufränkisch mit reifer Frucht, beide ohne Holz.

Hedi: „Schulterscherzl ist viel saftiger als Tafelspitz. Es ist auch sehr mager, nur ist es von oben nach unten in der Mitte von einer Sehne durchzogen, die beim Kochen geliert. Manche Menschen wissen nicht, was gut ist, sie schneiden die Sehne heraus und lassen sie übrig. Das habe ich nie verstanden."

Beilagen *zum* Rindfleisch

Semmelkren

ZUTATEN

2 Semmeln oder 100 g Knödelbrot
Salz
Muskatnuss
½ l kräftige, kochend heiße Rindsuppe (s. S. 229)
1 nussgroßes Stück Butter
⅛ l Sauerrahm
1/16 l Obers
frisch geriebener Kren

ZUBEREITUNG

Gegebenenfalls Semmeln zerkleinern. Semmeln/Knödelbrot gut salzen, Muskatnuss darüberreiben, mit 3–4 Schöpfern Rindsuppe begießen, dann nach und nach bis zur gewünschten Konsistenz die restliche Suppe aufgießen. Butter einrühren. Sauerrahm und Obers versprudeln, mit dem Schneebesen einrühren. Mit Salz und Muskatnuss abschmecken. Zum Schluss frisch geriebenen Kren einrühren.

Zwiebelsauce

ZUTATEN

300 g rote Zwiebeln
50 g Butter
1 TL Kristallzucker
1 schwacher TL Mehl
3–4 Schöpfer Rindsuppe (s. S. 229)
Salz
Pfeffer
2 EL Apfelessig

ZUBEREITUNG

Zwiebeln in 2 mm dicke Scheiben schneiden. In Butter anrösten, mit Zucker bestreuen und karamellisieren. Vom Feuer nehmen, abkühlen lassen, Bodensatz lösen und Zwiebeln damit durchmischen.

Mit Mehl stauben, durchrösten, gut vermischen, mit 2 Schöpfern Rindsuppe ablöschen, gut durchrühren und zweimal je ½ Schöpfer Suppe nachgießen. Salzen, pfeffern, Essig dazugeben, verrühren und zugedeckt köcheln, sodass die Zwiebeln schön „schlatzig" weich werden. Vor dem Anrichten abschmecken.

Gurkensauce

ZUTATEN

2 mittelgroße Salatgurken
1 EL fein gehackte weiße Zwiebel
1 nussgroßes Stück Butter
Salz
ca. 100 ml Sauerrahm
ca. 100 ml Obers
Pfeffer

ZUBEREITUNG

Gurken schälen, längs halbieren, entkernen und in ca. 4 mm dicke Scheiben schneiden. Zwiebeln in der Butter anschwitzen. Gurken dazugeben und gut durchmischen (braucht kaum Flüssigkeit, da die Gurken viel Wasser abgeben), Gurken durchschmoren. Salzen. Sauerrahm und Obers versprudeln, angießen. Zurückschalten, zugedeckt fertigdünsten, würzen.

Warme Schnittlauchsauce

ZUTATEN

1 Bund Schnittlauch
1 EL Butter oder Schweineschmalz
2 EL glattes Mehl
2 Schöpfer Suppe (s. S. 229)
ca. 100 ml Sauerrahm
ca. 100 ml Obers
Pfeffer
Salz

ZUBEREITUNG

Schnittlauch sehr fein schneiden. Fett zerlassen, Mehl einrühren. Ständig mit dem Schneebesen rühren und bei nicht zu hoher Temperatur leicht anrösten, die Einbrenn soll nur wenig Farbe bekommen.

Einbrenn in $1/16$ l lauwarmem Wasser auflösen, mit Suppe aufgießen und mit dem Schneebesen auf kleiner Flamme rühren, bis keine Klümpchen mehr vorhanden sind. Sauerrahm und Obers versprudeln. Temperatur höherschalten, Rahm-Obers-Gemisch dazugeben und weiterrühren.

Zum Schluss mit Pfeffer und Salz abschmecken und Schnittlauch einrühren. Nochmals aufkochen lassen, zudecken und warm stellen.

Hauptspeisen
RINDFLEISCHKÜCHE

Brathendl

In unserer Kindheit war Mamas knuspriges Brathendl unser liebstes Sonntagsessen. Sie verwendet keinen Pfeffer und auch keinen Paprika zum Würzen von Brathendln, nur Butter und Salz. Das ergibt ein wunderbar buttriges Natursaftl, das wir Buben inklusive Vater löffelweise aus der Sauciere aßen.

Ein Hendl zu braten ist nicht so schwierig, aber der Saft gelang mir bis heute nicht perfekt. Ich bekomme ihn auch in keinem anderen Wirtshaus so gut. Deshalb habe ich Mama einmal genau auf die Finger geschaut. Hier ist das Rezept.

ZUTATEN

1 bratfertiges Hendl
Salz
125 g Butter

WEIN-TIPP

Zarte, frisch-fruchtige Weißweine passen wunderbar zum Brathendl. Versuchen Sie einen frischen Müller Thurgau mit seinem Anklang an Muskat – ein Gaumenerlebnis! Immer passend: ein frischer Riesling oder Sauvignon oder ein zarter Grüner Veltliner.

ZUBEREITUNG

Rohr auf 220 °C vorheizen. Hendl innen und außen gut mit Salz einreiben und ein großes Stück Butter (ca. 50 g) in die Bauchhöhle geben. Den Boden einer mit einem Edelstahlgitter ausgelegten Bratreine mit 1/16 l Wasser bedecken.

Hendl seitlich auf das Gitter in der Reine legen und auf die unterste Schiene in den Ofen schieben. Nach ca. 15 Minuten auf die andere Seite drehen, mit einem Pinsel mit zerlassener Butter bestreichen. Nach ca. 15 Minuten auf den Bauch legen, nach einigen Minuten abschließend auf den Rücken. Beim Umdrehen immer die gebräunte Seite mit Butter beschmieren.

Gegen Ende der Bratzeit ca. 1/8 l Wasser in den Saft gießen, damit er nicht verbrennt. Wenn das Hendl rundum knusprig ist (nach ca. 1 Stunde), Ofen ausschalten und das Hendl noch etwas rasten lassen. Hendl auf ein Tranchierbrett legen. Gitter aus der Reine nehmen, Saft mit einem Pinsel vom Reinenboden und den Wänden lösen und durch ein Sieb in eine vorgewärmte Sauciere seihen. Hendl tranchieren und auf vorgewärmten Tellern servieren.

→ Als Beilagen empfehlen sich Reis, Petersilienerdäpfel, Salat oder Gemüse (Erbsen, Karotten, Prinzessbohnen …).

→ Wenn man das Brathendl mit Semmelfülle zubereiten will, greift man zunächst von der Kragenseite her links und rechts neben dem Brustbein unter die Haut und löst sie vorsichtig bis hinunter gegen die Schenkel vom Fleisch. In die so entstandenen Taschen füllt man mit einem Spritzsack nicht zu viel Fülle, denn sie geht beim Braten auf. Die Haut darf nicht platzen. Die Taschen mit ein paar Stichen mit einem groben Zwirn zunähen. Vor dem Servieren Zwirn entfernen.

Hedi: „Ob man ein halbes oder viertel Hendl pro Person nimmt, hängt von der Größe und davon ab, ob auch Vor- und Nachspeisen oder nur das Hendl serviert werden."

Bauernente

ZUTATEN

1 Ente (ca. 2,5 kg)

Salz

Majoran

Äpfel und Orangen (so viel, dass die Enten-Bauchhöhle voll wird)

gemahlener Kümmel

ca. ¼ l Rindsuppe oder Hühnerfond (s. S. 229)

WEIN-TIPP

Immer ein Fest für Weinmenschen! Wenn es warmen Krautsalat als Beilage gibt, greifen wir zu einem großen Grünen Veltliner aus einer Spitzenriede mit mindestens drei Jahren Flaschenreife. Steht Blaukraut auf dem Programm, trinken wir Rotwein: entweder jung, fruchtig und gekühlt oder die größte reife Granate, die verfügbar ist.

ZUBEREITUNG

Ofen auf 160 °C (Heißluft mit Bratautomatik) oder 180 °C Heißluft (ohne Bratautomatik) vorheizen. Fettdrüsen am Kragen und Bürzel der Ente wegschneiden. Ente innen und außen waschen, abtrocknen. Innen mit Salz einreiben. Äpfel- und Orangen-Fruchtfleisch grob in ca. 2 cm große Würfel schneiden, mit Majoran würzen, vermischen. Ente gut damit füllen, Öffnung zunähen. Ente außen mit Salz und Kümmel einreiben.

Mit der Brustseite nach unten auf mittlerer Schiene (je nach Größe der Ente) über einem mit ⅛ l Wasser gefüllten tiefen Backblech auf dem Rost im Ofen ca. 1 Stunde braten, bis der Rücken schön Farbe hat. Etwas Wasser angießen, das Blech sollte nie trocken werden. Ente umdrehen, eventuell etwas Fett abgießen.

Ab jetzt Bratensatz, wenn er zu sehr eintrocknet, mit Suppe angießen. Wenn die Haut zu trocken wird, mit Saft begießen (etwa drei- bis viermal). Nach ca. 2 Stunden Ente wieder auf die Brust legen, damit der Rücken knusprig wird. Abschließend einige Minuten auf den Rücken drehen, die Brust sollte besonders knusprig werden.

Ofen ausschalten, Ente auf einer warmen Platte oder in einer anderen Reine bei leicht geöffneter Ofentür etwa 10 Minuten rasten lassen. Währenddessen Bratrückstände mit etwas Suppe vom Blech lospinseln, Saft durch ein Sieb in eine Kasserolle abgießen und einige Minuten kochen.

Ente auf einem Brett auf den Rücken legen und mit der Geflügelschere tranchieren: Vom Bauch zum Kragen schneiden, umdrehen, Rückgrat herausschneiden. Beide Hälften auseinanderschneiden. Je ¼ Ente auf heißen Tellern anrichten, mit Saft umgießen. Als Beilage passen Semmel- oder Serviettenknödel (s. S. 168) sowie warmer Krautsalat oder Blaukraut (s. S. 164).

Hedi: „Meine Nachbarin Lini Klinger, eine ausgezeichnete Köchin, hat uns neulich auf einen 8 Kilo schweren Indian (Truthahn) eingeladen. Es war ein richtiges Festmahl! Die Zubereitung ist sehr einfach: Indian innen und außen gut salzen, innen mit Majoran einreiben. Bauchhöhle mit Apfelspalten und Organgenvierteln füllen, die Außenhaut mit gemahlenem Kümmel einreiben, Gewürze einige Stunden einziehen lassen. Indian auf einem Rost bei 150 °C im Ofen braten (pro Kilo 1 Stunde). Dazwischen mehrfach gut mit Butter bestreichen. Wenn er schön braun ist, umdrehen. Am Schluss auf 180 °C schalten, damit die Haut knusprig wird. Den fertigen Indian auf dem Rost bei Tisch tranchieren und den Saft direkt von der Reine über das Fleisch schöpfen."

Hauptspeisen
GEFLÜGEL IM GANZEN

Hausrucker Schopfbraten

Ein Schweinsbraten kann alles sein, vom banalen Kantinenfraß bis zum kulinarischen Weltwunder.

Dazwischen lauern tausend Fallen, die einem die Freude an einem herrlichen Schweinsbraten verderben können. Es gab eine Zeit, in der man bei uns kaum mehr gutes Schweinernes fand. Die Tiere wurden in Massen gehalten und auf Fettlosigkeit getrimmt. Solche Turboviecher lieferten als Braten erbärmliche Ergebnisse. Glücklicherweise hat sich heute wieder die Erkenntnis durchgesetzt, dass Fett ein wichtiger Geschmacksträger ist, ohne den ein Schweinsbraten eine fade Sache wäre.

Für einen guten Schweinsbraten eignen sich verschiedene Fleischteile. Die Schulter ist zum Beispiel ein echter Klassiker. Auch Bauchfleisch mit knusprigem Schwartl – in Wien „Kümmelbraten" genannt – ist vor allem als kalte Jause beliebt. Heikle Städter schwören oft auf Karree, weil es so mager ist. Im Gasthof Klinger hat sich der Schopfbraten zum beliebten Wochenendgericht entwickelt, obwohl wir ihn normalerweise ohne Schwartl machen. Dafür entsteht bei diesem Rezept ein so fantastisches Saftl, dass tolerante Vegetarier sich gelegentlich nur die Beilagen mit Saft bestellen. Frisches Stöcklkraut mit einem Mehlknödel und einem Erdapfel wird damit zu einer echten Delikatesse.

Einmal landete Paula Bosch, die damals legendäre Sommelière des Münchner Sternerestaurants „Tantris", mit dem Hubschrauber am Sportplatz vor unserem Wirtshaus, nur um einem betuchten Stammgast den ihrer Meinung nach „weltbesten Schweinsbraten" vorzuführen. Dass die Tantris-Belegschaft wenig später auf Betriebsausflug kam, war für uns eine große Ehre.

Hausrucker Schopfbraten *mit* Stöcklkraut & Mehlknödeln

ZUTATEN FÜR 8 PORTIONEN

2 kg ausgelöster Schweinsschopf

Salz

gemahlener Kümmel

Knoblauch nach Geschmack

Pfeffer

300 g gehackte Schweinsknochen

Schweineschmalz zum Bestreichen

Rindsuppe zum Angießen (s. S. 229)

Kümmel, ganz

1 kleine Zwiebel oder Schalotte

Stöcklkraut (s. S. 164)

Mehlknödel (s. S. 169)

GETRÄNKE-TIPP

Bier kann man zum Schweinsbraten immer trinken. Auch ein guter Most wäre nicht verkehrt. Doch unser Vater propagierte zum Schweinsbraten noch lieber einen kräftigeren Welschriesling, einen guten Grünen Veltliner oder einen schönen Wiener Gemischten Satz – die passen wirklich perfekt.

ZUBEREITUNG

Schopf gut salzen, mit gemahlenem Kümmel und gepresstem Knoblauch einreiben, pfeffern. Schopf in eine Bratreine geben, mit Knochen umlegen (wenn der Braten Schwarte hat, mit der Schwarte nach unten einlegen). Ca. ⅛ l Wasser dazugeben, sodass der Boden bedeckt ist.

In das auf 180 °C vorgeheizte Rohr schieben, Fleisch nach ca. 15 Minuten mit 1 EL Schmalz einstreichen. Nach Wunsch Knoblauchzehen oder -scheiben dazugeben.

Braten Farbe nehmen lassen. Nach insg. ca. 40 Minuten umdrehen (ggf. Schwarte nach oben, Schwarte schräg einschneiden). 4 kleine Schöpfer Suppe angießen, Braten wieder mit Schmalz einstreichen und mit ganzem Kümmel bestreuen. Wieder Farbe nehmen lassen.

Nach insg. 1 Stunde auf 150 °C zurückschalten. Zwiebel oder Schalotte vierteln und in den Saft legen.

Braten mehrfach mit eigenem Saft begießen. Nach insg. 2 Stunden nochmals umdrehen, Braten mit Schwarte jedoch nicht, damit die Kruste oben und schön knusprig bleibt.

Nach insgesamt ca. 2 ¾ Stunden zum letzten Mal übergießen. Braten aus der Brateine nehmen und warm halten.

Um den Saft zu finalisieren, Knochen nochmals mit dem Saft aufkochen. Saft in eine kleine Kasserolle abgießen. Knochen wegwerfen. Bratrückstände aus der Reine mit 1–2 Schöpfern Suppe angießen und mit einem Pinsel ablösen. Zum Saft geben und weitere 10 Minuten kochen lassen. Nochmals durchseihen.

Hedi: „Die Krux an diesem Rezept ist neben der Zartheit des marmorierten Fleischstücks vom Schweinenacken der herrliche Saft. Er muss schön dunkelbraun, stellenweise transparent und sehr intensiv, aber nicht zu salzig sein. Nur dann kommen die einfachen, eher milden Beilagen – Stöcklkraut, Mehlknödel und Erdäpfel – zu ihrem Recht."

Kalbsbraten

Bei uns in Oberösterreich werden – frei nach dem biblischen Vorbild – zu Festtagen Kälber geschlachtet. Bei ländlichen Hochzeiten haben die Gäste dann traditionell die Wahl zwischen Wiener Schnitzel vom Schlögel oder Kalbsbraten von Schulter oder Rücken. Der gerollte Kalbsbraten wird vom Fleischhauer vorbereitet und mit Spagat geschnürt. Für Kalbsnierenbraten wird in der Mitte des Bratens zusätzlich eine Niere eingerollt.

ZUTATEN FÜR 8 PORTIONEN

½ kg Kalbsparüren und Knochen
1 gerollter Kalbsbraten (ca. 2 kg)
Salz
125 g Butter
ca. ½ l Rindsuppe (s. S. 229)
helle Einbrenn (s. S. 226)

GETRÄNKE-TIPP

Traditionell trinken die Hochzeiter zum Braten eine gute Halbe Bier und kommen erst nach dem Essen auf den Wein. Den trinken sie dann „Ende nie". Wenn Sie lieber Wein servieren, nehmen Sie die beste Flasche Grünen Veltliner oder Riesling, die Sie im Kühlschrank haben.

ZUBEREITUNG

Backrohr auf 150 °C (Heißluft mit Bratautomatik) oder 180 °C Heißluft (ohne Bratautomatik) vorwärmen.

Knochen und Fleisch waschen. Kalbsbraten salzen und in eine Reine oder auf ein tiefes Backblech legen. Oben auf den Braten etwa 5 mm dicke Butterschnitten legen. Rund um as Fleisch die Knochen und Parüren legen.

Ins Rohr schieben. Ofentür 1 Stunde nicht öffnen.

Danach Bratenfond mit Rindsuppe aufgießen, Bratensatz mit der Bratenschaufel loslösen und mit dem Saft vermischen. Braten mit Butter einstreichen und ab jetzt alle 20 Minuten mit Suppe angießen. Nach gut 2 Stunden, wenn der Braten schön braun ist, Bratautomatik ausschalten, auf 100 °C zurückschalten und den Braten 30 Minuten rasten lassen. Saft wie für gefüllte Kalbsbrust zubereiten (s. S. 139).

→ Als Beilagen empfehlen sich Reis, Erdäpfel und ein gemischter Salat.

→ Knochen mit viel Knorpelanteil nehmen, beispielsweise Schulterblatt oder Brustknochen, keine Röhrenknochen oder harte Rippen.

→ Braten nur salzen, nicht pfeffern.

Hedi: „Ich brate zum Kalbsbraten gern auch eine Niere extra, dann behält das Fleisch seinen feinen Geschmack und jeder Gast kann selbst entscheiden, ob er nur Braten oder auch ein Stück Niere möchte."

Hauptspeisen
DER KLASSISCHE SONNTAGSBRATEN

Gefüllte Kalbsbrust

Dieser Klassiker der österreichischen Küche ist ein Musterbeispiel dafür, wie man aus einem weniger edlen Fleischstück wie der Brust ein köstliches Festtagsgericht zaubern kann. Dafür braucht man einen guten Fleischhauer, der einem eine wirklich gute Kalbsbrust besorgt, sonst hat man mehr Haut als Fleisch. Lassen Sie sich die Brust gleich vom Metzger auslösen und die Knochen und Knorpel für den Fond 2–3 cm breit hacken.

ZUTATEN FÜR 8–10 PORTIONEN

300 g Knödelbrot
1 EL gehackte Petersilie
Salz
Muskatnuss
ca. 200 g Butter
⅜ l Milch
3 Eier
2 Prisen griffiges Mehl
1 ganze ausgelöste Kalbsbrust
dazugehörige, gehackte Knochen und Knorpel
ca. ¾ l Rindsuppe (s. S. 229)
helle Einbrenn (s. S. 226)

WEIN-TIPP

Grüner Veltliner oder Riesling mit etwas Körper, Zierfandler und Rotgipfler vom Gumpoldskirchner Typ oder mittelkräftiger Weißburgunder.

ZUBEREITUNG

Für die Fülle Knödelbrot mit Petersilie vermischen, mit Salz und Muskatnuss würzen. 50 g Butter zergehen lassen, Milch zur Butter geben, lauwarm erwärmen. Eier mit der Milch-Butter verquirlen, zum Knödelbrot geben und durchmischen. Griffiges Mehl untermengen.

Kalbsbrust auflegen, salzen. Fülle auf eine Hälfte verteilen. Zusammenklappen und am Rand mit einer großen Nadel und einem starken Küchengarn zunähen. Außen salzen, mit Küchengarn verschnüren (alle 3 cm umwickeln).

Ofen auf 180 °C vorwärmen. 80 g Butter zerlassen, in eine Bratreine geben. Knochen in der Butter anbraten. Gefüllte Brust mit dem Großteil der Knochen und Fleisch- und Hautabschnitte vom Zuputzen in die Reine legen und in den Ofen schieben. Sogleich mit etwas kochendem Wasser angießen. Restliche Parüren und Knochen in einer Kasserolle in restlicher Butter anbraten und zur Seite stellen.

Nach 30 Minuten auf 150 °C zurückschalten, nach ca. 1 ¼ Stunden die Brust umdrehen. Wieder etwas hinaufschalten, damit der Braten auch auf der anderen Seite Farbe nimmt. Nach ca. 1 ½ Stunden mit ¼ l Suppe angießen, nach und nach vier- bis fünfmal Suppe dazugießen. Immer wieder mit dem Saft begießen. Nach ca. 2,5 Stunden (je nach Größe der Kalbsbrust) fertigen Braten aus der Reine nehmen und warm halten.

Für den Saft Einbrenn mit Suppe aufgießen und in die Kasserolle zu den restlichen Parüren und Knochen geben. Saft und Bratensatz mit warmem Wasser vom Boden der Reine lösen und in die Kasserolle geben. Saft mit Knochen und Parüren sanft verkochen. Konsistenz mit Wasser oder Suppe regeln. Der Saft braucht rund 30 Minuten. Zum Schluss durchseihen, Parüren mit dem Schöpflöffelrücken ausdrücken, Saft nochmals aufkochen.

Währenddessen Braten mit Butterpapier oder doppelt gelegter Alufolie zurück in die Reine geben, etwas warmes Wasser hinzufügen und ca. 30 Minuten im Rohr bei 60 °C entspannen lassen, sonst drückt es die Fülle aus dem Braten und hinten bleibt nur Fleisch.

Braten auf ein Brett legen, Spagat entfernen. Fleisch in 2–3 cm dicke Tranchen aufschneiden, anrichten und mit Sauce servieren.

➜ Dazu passen Erdäpfel, gemischter Salat oder Erbsen- und Karottengemüse.

Burgunderbraten

Dieser Rindsbraten mit feiner Wurzelrahmsauce kommt bei uns auf die Karte, wenn keine Wildsaison ist. Wenn man die Sauce etwas pikanter möchte, kann man ein Speckschwartl mitschmoren.

ZUTATEN FÜR 8 PERSONEN

Ca. 2 kg Rindfleisch (hinteres Ausgelöstes oder Schulterscherzl)	
150 g Karotten	
75 g Sellerie	
75 g Petersilienwurzel	
2 mittelgroße Zwiebeln	
Salz	
Pfeffer	
2 EL Schweineschmalz oder Öl	
½ l Rotwein	
10 Scheiben Bauchspeck	
2 kleine Lorbeerblätter	
2 EL Butter	
¾ l Rindsuppe (s. S. 229)	
1 EL Preiselbeeren	
2 EL Obers nach Bedarf	

WEIN-TIPP

Die Burgunder-Rebsorte Pinot Noir ist eine „Diva" und echte Herausforderung für jeden Winzer. Gelungene heimische Beispiele machen glücklich und sind zudem tolle Preis-Leistungs-Weine. Auch ein fein gereifter Zweigelt schmiegt sich gut in die Sauce.

ZUBEREITUNG

Rohr auf 160 °C vorheizen. Gemüse waschen, schälen, grobblättrig schneiden.

Fleisch mit Salz und Pfeffer einreiben, in einer Pfanne rundum im heißen Fett gut anbraten. In einen großen feuerfesten Topf umlegen, mit Rotwein angießen, aus dem Wein ragendes Fleisch mit Speck abdecken, Lorbeerblätter dazugeben, zudecken und auf kleiner Flamme köcheln lassen.

Während das Fleisch vor sich hin köchelt, Gemüse in Butter anbraten, dabei immer wieder durchschwenken. Gut Farbe nehmen lassen, aber keine schwarzen Röstflecken entstehen lassen. Mit etwas Suppe angießen, zum Fleisch geben.

Zugedeckt ins heiße Rohr schieben. Das Fleisch sollte immer leicht köcheln. Mehrfach mit Suppe aufgießen. Nach ca. 2 Stunden die Temperatur auf 180 °C hinaufdrehen.

Wenn das Fleisch weich ist, Rohr ausschalten. Fleisch aus dem Topf nehmen, Speck entfernen, Fleisch in Alufolie wickeln und im ausgeschalteten Rohr rasten lassen.

Lorbeerblätter entfernen. Gemüse und Saft mit Preiselbeeren im Mixer pürieren und durch ein grobes Sieb streichen. Sauce nochmals aufkochen, gut durchkochen, bei Bedarf 2 EL Obers einrühren.

Gebratene Lammschulter

ZUTATEN FÜR 2–3 PORTIONEN

1 Lammschulter im Ganzen (800–900 g)
Salz
Pfeffer
150 g Karotten
100 g Sellerie
50 g Fenchelknolle
1 mittelgroße Zwiebel
1 große Knoblauchzehe
50 g Butter
etwas Gemüsefond oder Rindsuppe (s. S. 288 bzw. 229)
2 Zweige Thymian
1 Zweig Rosmarin

WEIN-TIPP

Zu diesem Schmorgericht harmonieren sowohl kräftige Weißweine als auch samtige, gereifte Rotweine: Zweigelt, Sankt Laurent und Pinot Noir.

ZUBEREITUNG

Ofen auf 180 °C Heißluft vorheizen.

Lammschulter waschen, in einen Bräter legen, salzen und mit grobem Pfeffer aus der Mühle würzen. Etwas Wasser angießen und die Schulter für ca. 30 Minuten auf der mittleren Schiene im Ofen braten. Inzwischen Gemüse putzen und in nicht zu kleine Stücke schneiden, Zwiebel in dicke zusammenhängende Spalten.

Lammschulter aus dem Ofen nehmen, Gemüsestücke und halbierte Knoblauchzehe dazugeben, salzen. Fleisch mit 30 g Butter üppig einreiben. Nach Bedarf etwas Brühe oder Fond angießen. Hitze auf 160 °C reduzieren und die Lammschulter nochmals ca. 30 Minuten braten, bis die Oberseite Farbe genommen hat.

Wieder aus dem Ofen nehmen, Fleisch umdrehen, mit der restlichen Butter einreiben und mit den abgezupften, grob gehackten Kräutern bestreuen. Falls die gesamte Flüssigkeit verdampft sein sollte, etwas Gemüsebrühe oder Rindsuppe angießen. Lammschulter für ca. 30 Minuten weiterbraten. Wenn Fleisch und Gemüse schön Farbe genommen haben, den Deckel auf die Form legen und das Fleisch weich schmoren. Dabei entsteht ein aromatischer heller Natursaft. Das Fleisch ist fertig, wenn es sich ganz leicht vom Knochen lösen lässt. In fingerdicke Scheiben geschnitten servieren.

→ Dazu passen kleine, gekochte und in Butter zart gebräunte Kartoffeln einer festkochenden Sorte. Nehmen Sie sich dazu eine schwere, beschichtete Pfanne und etwas Zeit.

→ Als Gemüsebeilage klassisch sind grüne Fisolen. Im Frühling schmeckt dazu auch eine Mischung aus Zuckererbsen und grünem Spargel in mundgerechten Stücken.

Rehkitzbraten *nach* Hedi Klinger

ZUTATEN

75 g Petersilienwurzel
75 g Sellerie
150 g Karotten
100 g Lauch
2 rote Zwiebeln
3 Knoblauchzehen
Schweine- und Butterschmalz zum Braten
1 kg küchenfertiger Rehkitzschlögel
Zitronenthymian (oder Thymian und etwas unbehandelte Bio-Zitronenschale)
2–3 Stängel Petersilie
5 Wacholderbeeren
3 Lorbeerblätter
ca. 35 cl Rotwein
ca. ¼ l Rindsuppe (s. S. 229)
ca. 1 EL Preiselbeeren oder Ribisel-, Himbeer- oder Brombeermarmelade
helle Buttereinmach (s. S. 226)
Salz
Pfeffer
125 ml Schlagobers
125 ml Sauerrahm

Der Clou dieses Gerichts ist die feine Wurzelrahmsauce, die für verschiedene Fleischarten (Reh, Hase, Hirsch, Burgunderbraten) leicht abgewandelt wird, wobei für das Reh die feinste Würzung gewählt wird.

Als Grundprinzip gilt: Auf 1 kg Fleisch kommen 300 g Gemüse, davon die Hälfte weiß (75 g Petersilienwurzel, 75 g Sellerie), die andere Hälfte Karotten (150 g).

ZUBEREITUNG

Gemüse grob schneiden, Knoblauch ganz lassen. Petersilienwurzel, Sellerie, Karotten und Lauch in Schweine- und Butterschmalz goldgelb anrösten. Zwiebel und Knoblauch später dazugeben, damit sie nicht verbrennen.

Rehschlögel in einem großen Topf (24–26 cm Durchmesser) ebenfalls in Schweine- und Butterschmalz anbraten. Röstgemüse, Kräuter, Wacholderbeeren und Lorbeer dazugeben. Mit Rotwein ablöschen.

Die Bratrückstände der Gemüsepfanne mit etwas von der Suppe ablöschen, vom Pfannenboden ablösen und in den Topf zum Rehschlögel gießen. Preiselbeeren oder Marmelade einrühren. Zugedeckt auf kleiner Flamme (Stufe 2 von 9) weich schmoren (dauert gut 1 bis 1,5 Stunden).

Rehschlögel herausnehmen und warm halten. Lorbeerblätter herausnehmen. Sauce in den Mixer geben, helle Buttereinmach dazugeben, mixen. Bratrückstände mit Suppe ablöschen und ablösen. Zur Sauce in den Mixer geben und alles noch einmal gut durchmixen. Durch ein Sieb zurück in den Topf gießen.

WEIN-TIPP

Ein delikates Gericht, das der Wein nicht dominieren sollte – wir tendieren zu elegantem, gereiftem Pinot Noir oder sehr feinem Sankt Laurent. Die Säure der Preiselbeere erlaubt auch klassischen Blaufränkisch aus dem Südburgenland.

Gut durchkochen, mit Salz und Pfeffer würzen. Obers mit Sauerrahm gut verrühren, einrühren und abschmecken: eventuell noch Suppe, etwas Wein und/oder etwas Marmelade hineingeben, nochmals salzen und pfeffern. Mindestens 15 Minuten durchkochen.

→ Dazu passen Serviettenknödel (s. S. 168) oder Bandnudeln und eine Preiselbeerbirne.

Hedi: „Wenn ich einen ganzen Rehschlögel bekomme, schneide ich das Kaiserteil für Rehschnitzel heraus und binde den Rest (Schluss, Nuss und Frikandeau) nicht zu fest zu einer Rolle."

Ragout *vom* Junghirsch

ZUTATEN FÜR 8 PORTIONEN

2 mittlere rote Zwiebeln
100 g Karotten
50 g Petersilienwurzeln
50 g Sellerie
1,6 kg küchenfertiges Hirschfleisch (Schulterblatt, Schulter oder Wade)
Salz
Pfeffer
100 g Schweineschmalz
Butter zum Anrösten
2–3 Zweige Zitronenthymian
1 Lorbeerblatt
1 gestrichener EL Mehl
350 ml kräftiger Rotwein
ca. 350 ml Rindsuppe (s. S. 229)
1 EL Preiselbeeren
1 Knoblauchzehe
1 Speckschwartl
1–2 TL Brombeermarmelade (oder Preiselbeeren)
150 ml Schlagobers
150 ml Sauerrahm

WEIN-TIPP

Das kräftige Ragout ist ein Fall für einen satten Blaufränkisch, einen Blauburger oder eine burgenländische Cuvée.

Dieses Rezept kann man auch mit Reh, Gams oder sogar Wildschwein zubereiten, wobei man die Sauce beim Reh besonders fein und beim Hirsch und Gams etwas kräftiger würzt und beim Wildschwein sogar grünen Pfeffer dazugeben kann.

ZUBEREITUNG

Zwiebeln in 3–4 mm dicke Scheiben schneiden, Karotten, Petersilienwurzeln und Sellerie grob schneiden, Fleisch in ca. 4 cm große Würfel schneiden.

Fleisch leicht salzen und pfeffern und im Schmalz anbraten. Zwiebelscheiben dazugeben und mitrösten.

Währenddessen Gemüsestücke in Butter anrösten. Zum Fleisch geben, Zitronenthymian und Lorbeerblatt hinzufügen. Alles gut durchmischen, mit Mehl leicht stauben. 200 ml Rotwein angießen, Suppe angießen. Salzen und pfeffern, Preiselbeeren dazugeben. Knoblauch schälen, im Ganzen dazugeben. Speckschwartl hinzufügen. Alles gut durchmischen, zudecken und dünsten lassen, bis das Fleisch weich ist (ca. 1 ½ Stunden).

Fleisch herausheben, Lorbeerblatt entfernen, Sauce im Mixglas mixen. Durch ein Sieb streichen. Mit Brombeermarmelade und restlichem Rotwein sowie nach Bedarf Pfeffer und Salz abschmecken und durchkochen.

Fleisch dazugeben und mitköcheln. Obers und Sauerrahm gut verrühren, einrühren und das Ragout nochmals abschmecken.

→ Als Beilage passen Semmel- oder Serviettenknödel (s. S. 168).

→ Wenn Sie keinen Zitronenthymian bekommen, nehmen Sie normalen Thymian und reiben etwas Zitronenschale dazu.

Medaillons *von Reh oder Hirsch „Diana"*

Dieses Rezept ist nicht kompliziert, man arbeitet jedoch parallel in zwei Pfannen – das spricht für vier Hände in der Küche.

ZUTATEN FÜR 2 PORTIONEN

300–400 g von Häuten und Sehnen befreites Reh- oder Hirschfilet

Salz

Pfeffer

3 Wacholderbeeren

1 Prise Thymian

150 g Steinpilze (ersatzweise Champignons)

2 EL Butterschmalz

50 g dünn geschnittener Karreespeck

⅛ l Rindsuppe oder Gemüsefond (s. S. 288 bzw. 229)

2 EL roter Portwein

1 EL eiskalte Butter

Butter und Olivenöl zum Braten

¹⁄₁₆ l Schlagobers

WEIN-TIPP

Ein dunkelfruchtiger Blaufränkisch oder eine Cuvée, auch mit Cabernet und Merlot.

ZUBEREITUNG

Filet in 1,5 cm dicke Medaillons schneiden. Mit Salz und grob gemahlenem Pfeffer, fein zermörserten oder mit einer Messerklinge zerdrückten Wacholderbeeren und Thymian würzen. Die Steinpilze putzen und in nicht zu dünne Scheiben schneiden.

Die Medaillons in Butterschmalz rasch anbraten, wenden, Karreespeck an die Seite geben und mitbraten. Er soll ebenfalls Farbe bekommen. Beides im vorgeheizten Rohr bei 100 °C warm stellen. Das Fleisch soll am Ende schön rosa sein. Bratensatz mit Suppe oder Fond ablöschen, loskochen. Portwein dazugeben, reduzieren, bei Bedarf salzen. Vor dem Anrichten eiskalte Butter zugeben, nochmals erhitzen, aber nicht mehr kochen lassen.

Zuvor jedoch die Steinpilze in Butter und Olivenöl gefühlvoll, aber rasch anbraten. Sie sollen Farbe nehmen, ohne weich zu werden. Zuletzt salzen und auf einem vorgewärmten Teller ebenfalls ins Rohr stellen. Den Bratensatz der Steinpilzscheiben schnell mit Obers loskochen und mit Salz abschmecken.

Die Medaillons aus dem Ofen nehmen und auf vorgewärmten Tellern anrichten. Mit dem Portwein-Butter-Safterl überziehen, gebratenen Karreespeck sowie Steinpilze darauf anrichten und das Pilz-Rahm-Safterl mit dem Löffel darüberträufeln.

→ Dazu passen Petersilkartofferl, Schupfnudeln (s. S. 167) oder feine Bandnudeln, als Garnitur Brokkoli und Preiselbeeren.

Geschnetzeltes *vom* Fasan

ZUTATEN

500 g ausgelöste Brust oder Hinterviertel vom Fasan
Salz
Pfeffer
1 kleine fein gehackte Zwiebel
1 EL Butter
1 EL Olivenöl
etwas Majoran
2 cl Veltlinerbrand (oder ein anderer guter Weinbrand oder Cognac)
½ EL Mehl
100 ml Rindsuppe oder Hühnerfond (s. S. 229)
12 Scheiben geräucherter Speck
120 g Champignons
⅛ l Schlagobers
⅛ l Sauerrahm
Petersilie

WEIN-TIPP

Pinot Noir, Sankt Laurent oder Blaufränkisch. Weiße Alternative: Zierfandler, Roter Veltliner oder weißer Leithaberg mit Struktur.

ZUBEREITUNG

Fasanenstücke in mundgerechte Bissen schneiden, salzen, pfeffern und in einer Pfanne mit Zwiebel in Butter und Olivenöl anbraten. Majoran darüberstreuen, gut durchmischen.

Mit Veltlinerbrand ablöschen und flambieren. Achtung: Dabei entsteht kurz eine Stichflamme, die jedoch gleich wieder verlöscht. Fleisch zur Seite schieben und den Bratensatz leicht mit Mehl stauben. Mit wenig Suppe ablösen und einreduzieren.

Inzwischen in einer anderen Pfanne Speckscheiben rösten. Zum Abtropfen auf Küchenkrepp legen, im Speckfett blättrig geschnittene Champignons anrösten. Obers und Sauerrahm gut versprudeln, zum Fleisch geben. Einrühren, etwas einkochen lassen, dabei das Fleisch gut mit der Sauce vermengen. Auf heißen Tellern anrichten, Speck-Champignon-Garnitur darüber verteilen, mit gehackter Petersilie bestreuen.

→ Als Beilage passen Löffelnockerl (s. S. 166) oder Bandnudeln.

→ Getrockneter Majoran intensiviert sein Aroma, wenn man ihn vor der Verwendung kurz in den Händen reibt.

Hedi: „Wenn wir von den Treibjagden Fasane bekommen, machen wir die schönen am liebsten im Ganzen im Rohr. Wenn sie aber zerschossen sind, lösen wir die Brüste, soweit intakt, heraus und bereiten sie kurzgebraten zu. Dafür und vor allem für die Hinterviertel habe ich dieses mittlerweile sehr beliebte Hausrezept entwickelt."

Wachteln, Rebhendl, Fasan

Je nach Größe nimmt man pro Person zwei Wachteln für eine ausgiebige Hauptspeise, bei mehrgängigen Essen reicht eine. Ein Rebhuhn ergibt eine schöne Portion. Ein mittlerer Fasan reicht für zwei.

ZUTATEN

2 Fasane, 4 Rebhühner oder
4–8 Wachteln
Salz
Pfeffer
1 kleine Prise Majoran pro Vogel
Butter zum Bestreichen
16 dünne Scheiben geräucherter Bauchspeck

FÜLLE
1 fein gehackte Schalotte
Butter zum Anschwitzen und für den Saft
1 KL fein gehackte Petersilie
100 g entrindetes Knödelbrot
Salz
Muskatnuss
1 großes Ei
etwas Milch
1 gestrichener EL Universalmehl
etwas Rindsuppe (s. S. 229) oder Wasser zum Angießen

ZUBEREITUNG

Für die Fülle Schalotte in Butter glasig anschwitzen. Vom Feuer nehmen und Petersilie daruntermengen. Knödelbrot salzen und etwas Muskatnuss darüberreiben. Schalottenmischung daruntermengen. Gut vermischen. Ei in Milch versprudeln und unter das Knödelbrot mischen. Knödelmasse gut andrücken und etwas durchziehen lassen. Mit Mehl bestreuen und gut durchmischen.

Rohr auf 180 °C vorheizen. Vögel außen und innen gut mit Salz und Pfeffer einreiben. Majoran in den Bauch streuen. Fülle mit einem Spritzsack in die Bauchhöhle füllen. Sie sollte schön voll sein, wobei die Fülle nicht hineingepresst werden darf, denn sie dehnt sich beim Braten aus. Bauchhöhle mit einer langen Nadel und starkem Küchengarn zunähen. Haxerl mit dünnem Küchengarn zusammenbinden.

150 ml Wasser in eine Bratreine mit einem Bratgitter aus Edelstahl am Boden geben, Vögel daraufsetzen. Mit Butter beschmieren, mit Bauchspeck belegen (nicht zu eng anbinden, sonst wird die Haut sehr blass) und ins Rohr schieben. Klassisch durchgebratene Wachteln brauchen 30–45 Minuten, Rebhendl 45–60 Minuten, ein Fasan je nach Größe 1 gute Stunde.

Gegen Ende der Bratzeit Speck herunternehmen und auf einem Teller warm stellen. Zum Schluss die Vögel am Ofenrand etwas rasten lassen. Aus der Reine nehmen und kurz warm stellen. Währenddessen das Gitter aus der Reine nehmen. Etwas Suppe angießen, Bratensatz vom Boden loskochen, nochmals mit Wasser oder Suppe angießen, etwas einkochen, ein kleines Stück Butter hineingeben und den Saft durchseihen.

WEIN-TIPP

Der feinste Rotwein, den Sie im Keller finden, ist hier gefragt, wobei er nicht zu schwer sein darf: leichtfüßiger Blaufränkisch vom Spitzerberg, Leithaberg oder Eisenberg, aber auch finessenreiche Cuvées und natürlich kühler Pinot Noir.

Vögel mit einer Geflügelschere halbieren. Rückgrat herausschneiden. Auf heißen Tellern mit dem Saft anrichten. Die knusprigen Speckkrusteln darüberlegen.

→ Man kann mit höherer Temperatur (220 °C) arbeiten, dann verkürzt sich die Bratzeit um mindestens die Hälfte. Der Saft wird jedoch bei 180 °C besser.

→ Bei halber Bratzeit frisch gehackte Kräuter über das Geflügel streuen, zum Beispiel frischen Majoran. Einen mediterranen Touch verleihen Thymian und Rosmarin.

→ Wenn etwas Fülle übrigbleibt, kann man sie in einer feuerfesten Form oder kleinen Auflaufförmchen im Ofen mitbacken. Dann bekommt sie eine schöne Kruste und schmeckt herrlich als Beilage. Nach alter oberösterreichischer Tradition kommen als Beilage auch 1, 2 Erdäpfel dazu. Zu Wachteln passen karamellisierte Trauben. Der Klassiker zu Rebhendl und Fasan ist Blaukraut (s. S. 164).

BEILAGEN

Beilagen sind keine Nebensache – meine Mutter hatte nie zu viele verschiedene Beilagen auf der Karte, denn sie wusste genau, dass auch diese scheinbaren Nebendarsteller immer frisch und sorgfältig zubereitet werden müssen. Das gilt insbesondere für Salate. Was uns unter diesem Titel in unseren Breiten immer wieder vorgesetzt wird, lässt uns wehmütig von der Salatkultur Italiens oder Frankreichs träumen. Wenn der Salat, vom Waschwasser triefend, mit Fertigdressings angemacht wird, kann nichts Gescheites dabei herauskommen. Machen Sie sich die Mühe, den Salat trockenzuschleudern und eine ordentliche Vinaigrette zuzubereiten, egal ob wienerisch mit einer Spur Zucker, steirisch mit Kürbiskernöl, französisch mit Knoblauch und Dijon-Senf oder italienisch ganz einfach mit Olivenöl und gutem Weinessig statt billigem Balsamico. Und legen Sie Wert auf einen perfekten Erdäpfelsalat, vor allem zum Gebackenen.

Außerdem finden Sie im folgenden Kapitel die Rezepte für bekannte „Zuspeisen", vor allem aber auch die besten Krautrezepte für die kühle Jahreszeit mit dem Hausruckviertler Stöcklkraut, Hedis ganz besonderer Spezialität zu einem zünftigen Schweinsbraten.

Salatsaucen

Salat sollte vor dem Marinieren möglichst trocken sein. Daher muss man ihn rechtzeitig waschen, gut abtropfen und trocknen lassen. Schneller geht es mit einer Salatschleuder. In den meisten Fällen ist es vorteilhaft, den Salat trocken zu salzen, gut durchzumischen und die Salatsauce erst dann dazuzugeben. Für mediterrane Salate nimmt man gutes Olivenöl und Weinessig, französische Rezepte verlangen oft auch Knoblauch und Senf und in Österreich wird eine Prise Zucker in die Marinade gegeben, steirisch wird die Marinade mit Kernöl. Aceto Balsamico ist ein eigenes Thema und nur in speziellen Fällen, zum Beispiel bei gewissen Vorspeisen, angebracht.

Wienerisch

In Österreich wird der Salat gerne gezuckert. Das sollte man allerdings unbedingt unterlassen, wenn man auch mediterrane Salatsorten wie Rucola oder Radicchio verwendet. Mit einem klassischen Häuptelsalat und Schnittlauch zur Hausmannskost schmeckt die Wiener Marinade köstlich. Man nimmt dafür guten Wein- oder Apfelessig und neutrales Pflanzenöl. Zum Schluss frisch geschnittene Schnittlauchröllchen darüberstreuen.

Steirisch

Entweder ersetzt man nur das normale Salatöl durch Kernöl oder man kombiniert Kernöl statt mit Apfel- oder Weinessig mit Aceto Balsamico. Man kann dieses Dressing auch mit etwas warmem Geflügelfond mischen.

Italienisch

In Italien wird der Salat oft vom Kellner am Tisch mariniert. Das geht ganz flott: Salzen, durchmischen, 3 Teile Olivenöl und 1 Teil Rotweinessig darübergießen, gut durchmischen und eventuell pfeffern. Dazu braucht man aber etwas Übung, weil man dabei nicht wirklich abmessen kann. Einfacher ist es, die Salatsauce in einer Schüssel aufzuschlagen: Mit dem Schneebesen wenig Salz (der Salat ist ja schon gesalzen) und Pfeffer in 1 EL Rotweinessig einrühren, 3 EL Olivenöl gut einarbeiten. Die Emulsion über den gesalzenen Salat gießen und gut durchmischen.

Französisch

Knoblauchliebhaber können entweder die Innenwand der Salatschüssel mit einer halbierten Knoblauchzehe einreiben oder den Knoblauch sehr fein hacken und in die Essig-Öl-Marinade geben, zu der man nach Wunsch etwas Dijon-Senf geben kann. Man verrührt dafür erst Essig, Salz, Pfeffer und ggf. Senf mit dem Schneebesen und arbeitet dann das Öl gut ein, sodass eine homogene Emulsion entsteht. Dann mit dem leicht gesalzenen Salat gut vermengen.

Karottensalat

Hedis Karottensalat schmeckt durch den Apfel im Rezept herrlich süß-säuerlich.

ZUTATEN

500 g Karotten
1 mittelgroßer Apfel
Salz
1 EL Zitronensaft oder Mostessig
3 EL gutes Pflanzenöl

ZUBEREITUNG

Karotten waschen, putzen und fein raspeln. Apfel schälen und reiben. Karotten und Apfel mischen, salzen und gut durchschwenken.

Mit Zitronensaft oder Essig und Öl marinieren.

Hedi: „Eine besonders originelle Note bekommt der Karottensalat, wenn man statt Zitronensaft bäuerlichen Mostessig verwendet. So haben wir ihn in beim Huberwirt in Aistersheim immer gemacht."

Kalter Krautsalat

ZUTATEN

1 kleiner Kopf Weißkraut
Salz
Prise Zucker
einige Spritzer Apfelessig
3 EL Sonnenblumen-, Maiskeim oder Rapsöl
Kümmel nach Geschmack

ZUBEREITUNG

Kraut entweder händisch mit dem Gemüsehobel oder in der Küchenmaschine fein schneiden.

Kraut in eine große Schüssel geben und mit Salz und Zucker gut durchmischen. Apfelessig und Öl untermischen. Zum Schluss etwas Kümmel daruntermischen.

Erdäpfelsalat

In Wien schmeckt der Erdäpfelsalat traditionell süßer als in der oberösterreichischen Version, wobei das Zuckern vielfach übertrieben wird. Die frisch gekochten, blättrig geschnittenen Erdäpfel werden oft auch mit Rindsuppe übergossen. Eine Streitfrage ist auch in Wien das Abschmecken mit Senf.

ZUTATEN

500 g kleine speckige Erdäpfel (zum Beispiel Kipfler, Linzer Delikatess)
1 Zwiebel (am besten rot)
¼ l Rindsuppe (s. S. 229, fakultativ)
Salz
Pfeffer
3 EL Wein- oder Apfelessig (klassisch: Hesperidenessig)
5 EL Sonnenblumenöl
Schnittlauch

ZUBEREITUNG

Erdäpfel in einem Topf mit kaltem Wasser bedeckt aufstellen, sanft kochen, abgießen und etwas auskühlen lassen. Währenddessen Zwiebel fein hacken.

Erdäpfel schälen und blättrig schneiden. Nach Wunsch mit warmer Suppe übergießen. Erdäpfel salzen und pfeffern, Zwiebel daruntermischen. Essig mit 1 EL Wasser vermischen und darüber leeren. Sonnenblumenöl darüber geben und den Salat mit einer Gummispachtel in runden Bewegungen vom Rand her vorsichtig durchmischen.

Ziehen lassen, kosten und nochmals mit Salz, Pfeffer und Essig abschmecken. Anrichten und nach Belieben mit Pfeffer und Schnittlauch garnieren.

Mayonnaisesalat

Erdäpfelsalat nach obigem Rezept etwas „trockener" zubereiten oder überschüssige Marinade abgießen. Nach Belieben 3–4 EL Mayonnaise (s. S. 23) untermengen.

Rahmerdäpfelsalat

Erdäpfelsalat wie oben zubereiten, aber statt mit Öl mit 5–6 EL Sauerrahm binden.

Erdäpfelland Oberösterreich

Kartoffeln, oder „Erdäpfel", wie wir sie in Österreich nennen, kamen im 16. Jahrhundert über Spanien aus Südamerika nach Europa.

Bereits 1621 erschien in Linz ein Kochbuch mit Kartoffelrezepten, verfasst vom Abt des Benediktinerklosters Seitenstetten, Caspar Plautz. Oberösterreich ist ein klassisches Erdäpfelland. Früher sagte man, die oberösterreichischen Nummertafeln der Autos begännen nicht mit einem „O", sondern mit einem Erdapfel.

Als Kinder bekamen wir oft am Freitagabend frisch gekochte Kartoffeln mit Butter. Sie schmeckten uns wie das beste Festtagsgericht. Wahrscheinlich hat das unseren Geschmack so geprägt, dass wir auch heute noch Kartoffeln in jeder Form lieben. Sie werden fast im ganzen Land angebaut. Besondere Qualitäten wachsen auf den kristallinen Verwitterungsböden des Mühlviertels und des Sauwalds.

Erdäpelfeuerl

Die Kartoffelernte im Oktober brachte uns Kindern die Lizenz zum Feuermachen. Wenn die dürren Kartoffelstauden auf den abgeernteten Feldern zurückblieben, kamen die Burschen und Mädchen zusammen und machten ein Erdäpfelfeuerl. Dabei ließ man erst so viele Stauden niederbrennen, dass ein schöner Glutstock entstand, in dem wir dann die bei der Ernte vergessenen Kartoffeln brieten. Die Knollen wurden heiß und schwarz aus der Glut geholt und, nachdem sie etwas ausgekühlt waren, aufgebrochen. Wir nagten das gelbe Innere heraus, vergaßen aber auch nicht, die knusprige Haut zu verspeisen, auch wenn wir dabei einiges an Ruß abbekamen. Nach solchen Gelagen kamen wir mit schwarzen Händen und Gesichtern nach Hause.

Erdäpfelpüree

ZUTATEN

500 g geschälte mehligkochende Erdäpfel

Salz

ca. 200 ml Milch 3,5 %

Muskatnuss

15 g Butter

Meine Mutter macht ein sehr feines, aber nicht üppiges Erdäpfelpüree, das sehr gut zur an sich schon etwas deftigeren regionalen Küche passt. Mit den Butterorgien französischer Starköche hat sie nichts am Hut. Für Püree eignen sich ausschließlich mehlige Erdäpfelsorten, festkochende oder gar speckige werden durch diese Zubereitung zu einer kleisterartigen Masse. Die angegebene Menge ist für vier Beilagenportionen oder für zwei „Püree-Tiger" bei einem vegetarischen Gericht wie beispielsweise Spiegeleier mit Blattspinat.

ZUBEREITUNG

Die Erdäpfel der Länge nach vierteln, in Salzwasser weich kochen, abseihen und kurz ausdampfen lassen. Milch erhitzen. Einen weiten Topf auf den Herd stellen, die Erdäpfel partienweise durch die Erdäpfelpresse in den Topf drücken. Heiße Milch angießen und mit dem Schneebesen untermischen. Sobald die gewünschte Konsistenz erreicht wird, mit Salz, etwas geriebener Muskatnuss und Butter abschmecken.

→ Die Menge der Milch kann abhängig von der verwendeten Erdäpfelsorte variieren. Es soll kein Brei entstehen, sondern ein flockig-flaumiges Püree. Zu langes Rühren verbessert das Ergebnis nicht, eher kraftvoll und kurz ist die Devise.

Hedi: „Für Stampfkartoffeln einfach Erdäpfel kochen, schälen, mit der Gabel zerdrücken und mit Butter und Salz abmischen."

Erdäpfelschmarrn

ZUTATEN

800 g vorwiegend festkochende Erdäpfel
1 mittelgroße Zwiebel
60 g Backhendlfett/Schnitzelfett/Schweineschmalz/Butterschmalz
Salz

ZUBEREITUNG

Erdäpfel kochen und auskühlen lassen. Schälen und in grobe Scheiben schneiden. Zwiebel hacken und in einer Eisenpfanne im Fett anrösten. Erdäpfel dazugeben, mit den Zwiebeln durchrösten, dabei öfters wenden. Gut salzen. Mit dem Erdäpfelstampfer zu Schmarrn stampfen und etwas „Randl" anbraten lassen. Je 1 gehäuften Suppenschöpfer Schmarrn mit der Hand flachdrücken und gestürzt auf einem Teller anrichten.

→ Wenn man die Erdäpfel nicht auskühlen lässt und warm weiterverarbeitet, wird der Schmarrn matschig.

Braterdäpfel

Am besten gelingt diese beliebte Beilage, wenn man sie aus ausgekühlten gekochten Erdäpfeln zubereitet. Man kann sie auch schon am Vortag kochen und schälen. Wir verwenden festkochende Sorten wie Ditta, Sieglinde oder Linzer Delikatess.

ZUTATEN

750 g gekochte festkochende Erdäpfel
50 g Butter oder Butterschmalz
Salz
Pfeffer (fakultativ)
Schnittlauch

ZUBEREITUNG

Die ausgekühlten Erdäpfel schälen und in 5 mm dicke Scheiben schneiden. Butter oder Butterschmalz in einer Bratpfanne mit kratzfester Beschichtung gut erhitzen. Erdäpfelscheiben in einer Schicht eng nebeneinander hineinlegen (portionsweise arbeiten und immer nur so viele Scheiben in die Pfanne geben, wie in einer Schicht hineinpassen). 3–4 Minuten braten, dabei darauf achten, dass die Erdäpfel schön goldbraun werden, aber nicht verbrennen. Umdrehen und auf der zweiten Seite braten. Zum Schluss salzen, nach Wunsch pfeffern und mit fein geschnittenem Schnittlauch bestreuen.

Prinzessbohnen

ZUTATEN

500 g Prinzess- oder Spargelbohnen
Salz
1 EL Butter
Pfeffer
Muskatnuss
1 EL gehackte Petersilie
1 TL gehackte Minze

ZUBEREITUNG

Bohnen in Salzwasser bissfest kochen. Mit kaltem Wasser abschrecken, damit sie die Farbe behalten. In aufschäumender Butter schwenken. Mit Salz, Pfeffer und Muskatnuss würzen

Zum Schluss die frisch gehackte Petersilie und Minze dazugeben.

Cremespinat

ZUTATEN

1 kg Blattspinat
3 EL Einmach (s. S. 226)
150 ml Rindsuppe (s. S. 229)
Obers nach Wunsch
Salz
Pfeffer
Knoblauch nach Wunsch

ZUBEREITUNG

Spinatblätter entstielen. In Wasser blanchieren, abseihen, mixen oder pürieren.

Einmach mit der Suppe angießen, kurz durchkochen. Den gemixten Spinat dazugeben, eventuell mit etwas Obers verfeinern. Salzen und pfeffern. Auf Wunsch mit Knoblauch würzen und alles noch einmal durchkochen.

→ Auf die gleiche Art kann man Brennnesseln zubereiten.

Brokkoli & Karfiol

ZUTATEN

200 g Brokkoli
200 g Karfiol
Salz

ZUBEREITUNG

Gemüse nur kurz mit kaltem Wasser abspülen, in Roserl schneiden und getrennt in kochendem Salzwasser 3–4 Minuten blanchieren. Sofort kalt abschrecken. Das ist besonders für Brokkoli wichtig, damit er seine Farbe behält.

Karottengemüse

ZUTATEN

400 g Karotten
1 EL Butter
Salz
1 TL Zucker

ZUBEREITUNG

Karotten waschen, schälen und in dünne Scheiben schneiden. Auf niederer Temperatur in Butter schwenken, bei Bedarf 1–2 EL Wasser dazugeben.

Salzen, zuckern und im eigenen Saft gardünsten, die Karotten sollten noch etwas Biss haben.

Warmer Krautsalat

Warmer Krautsalat ist bei uns in Oberösterreich die klassische Beilage zu gebratener Ente (s. S. 132).

ZUTATEN

1 Weißkrautkopf
1 gestrichener EL Zucker
1 gestrichener EL Salz
Kümmel
2–3 EL Apfelessig
2 EL Gänseschmalz

ZUBEREITUNG

Kraut entweder händisch mit dem Gemüsehobel oder in der Küchenmaschine fein schneiden.

In einem Topf 450 ml Wasser mit Zucker und Salz aufkochen, Kraut dazugeben und nochmals aufkochen.

Wenn das Kraut zusammengefallen ist, Kümmel dazugeben. Apfelessig in einer kleinen Kasserolle kurz aufkochen, über das Kraut gießen und alles zugedeckt ziehen lassen. Wenn das Kraut schön knackig ist, 2 EL Gänseschmalz dazugeben und gut vermengen.

Stöcklkraut

Für Stöcklkraut nimmt man einen nicht zu großen Kopf Weißkraut oder zwei kleinere, flache vom Braunschweiger.

ZUTATEN

1 Krautkopf (Weißkraut oder Braunschweiger)
Salz
Kümmel

ZUBEREITUNG

Krautkopf putzen, äußere Blätter weggeben und den Kopf je nach Größe halbieren oder vierteln. Den Strunk herausschneiden, aber so, dass die Stücke nicht zerfallen.

Kraut in kochendes Salzwasser einlegen, aufkochen, ca. 30 Minuten zugedeckt sanft kochen. Kurz vor Ende der Kochzeit Kümmel dazugeben, nur noch ziehen lassen.

Stöcklkraut keilförmig aufschneiden.

Blaukraut

ZUTATEN

1 Blaukrautkopf
2 mittlere Zwiebeln
Schweineschmalz oder Pflanzenfett zum Rösten
1 EL Kristallzucker
½ l Rindsuppe (s. S. 229)
300 ml Rotwein
1 Lorbeerblatt
5 Nelken
1 kleines Stück Zimtrinde
1 EL glutamatfreies Bouillonpulver
150 ml Orangensaft
2 Äpfel
1 EL Maisstärke

ZUBEREITUNG

Kraut mit einem Gemüsehobel oder der Maschine fein schneiden.

Zwiebeln fein schneiden und im Fett goldgelb rösten. Zucker darüber streuen und karamellisieren lassen. Mit Suppe und Rotwein ablöschen. Gewürze und Orangensaft beigeben.

Äpfel mit Schale reiben und dazugeben. Kraut dazugeben, aufkochen, zurückschalten, zudecken und langsam fertigkochen.

Zum Schluss Maisstärke einrühren und nochmals abschmecken. Beim Anrichten nach Wunsch Lorbeerblatt und Nelken entfernen.

Stöcklkraut

Hedi: „Das Stöcklkraut ist eine Spezialität aus dem ‚Schaunberger Landl' zwischen Eferding und dem Hausruck. Im Innviertel wurde es seltener gemacht, und wenn, dann meist von Zuwanderern aus dem Hausruckviertel. Es hat seinen Namen von den keilförmigen ‚Stöckeln', in die man die Krauthälften nach dem Kochen zum Anrichten schneidet. Wichtig ist, dass man das Kochwasser gut salzt und den Kümmel erst gegen Ende der Kochzeit dazugibt. Diese kann je nach Krauttyp stark variieren. Das Kraut sollte gut gekocht sein, aber noch Biss haben."

Löffelnockerl

ZUTATEN

250 g glattes Mehl
250 g griffiges Mehl
2 EL weiche Butter
400 ml Milch
3–4 Eier (je nach Größe)
1 guter TL Salz

ZUBEREITUNG

Mehl, Butter, Milch, Eier und Salz in die Rührschüssel geben. Mit dem Knethaken gut rühren, Konsistenz mit Mehl oder Milch regulieren: Der Teig sollte etwas fester als ein Spätzleteig sein, aber nicht zu fest.

In einem großen Topf Wasser salzen und zum Kochen bringen. Mit einem Suppenlöffel, den man kurz ins heiße Wasser taucht, jeweils 1 EL Masse aus der Schüssel nehmen und ins heiße Wasser geben. Dabei Löffel immer ins Wasser tauchen. Am besten die Nockerl in zwei Etappen kochen. Auf einem Sieb abtropfen lassen, nicht abschwemmen.

→ Bei Bedarf in einem Topf mit etwas Butter warm halten.

Spätzle

Für Spätzle den Teig etwas flüssiger halten und mit einer Gummispachtel über einem Nockerlschlitten kleine Nockerl ins kochende Wasser lassen. Etwas Übung erfordert das Schaben länglicher Spätzle von einem feuchten Brett mit einem speziellen Spätzleschaber.

Schupfnudeln

Aus Schupf- oder Fingernudeln kann man auch süße Mohnnudeln zubereiten. Man röstet dafür Mohn und Zucker kurz in Butter an und schwenkt dann die Nudeln darin. Schupf- oder Fingernudeln sind aber auch eine beliebte Beilage zu vielen deftigen Gerichten.

ZUTATEN

½ kg mehlige Erdäpfel

1 EL zerlassene Butter

Salz

Muskatnuss

1 Ei

50 g Weizen- oder Dinkelgrieß

175 g griffiges Mehl

Butterschmalz zum Bräunen

ZUBEREITUNG

Erdäpfel kochen, schälen und heiß durch die Kartoffelpresse drücken. Auskühlen lassen (alternativ auskühlen lassen und dann durchpressen). Butter einrühren, Masse salzen und mit Muskat abschmecken. Ei verklopfen und dazugeben, Grieß und Mehl hinzufügen, mit lockerer Hand rasch zu Teig verarbeiten (schnell arbeiten, sonst wird der Teig zäh). Teig zu einem ovalen Striezel formen.

Auf einem Brett vom Striezel ca. 2 cm dicke Scheiben abschneiden und zu ca. 2 cm dicken Rollen auswalzen. Rollen mit der Teigkarte in 2 cm lange Stücke teilen und jedes Stück mit den Händen zu an den Enden dünner werdenden Schupfnudeln formen.

Schupfnudeln in siedendes Salzwasser einlegen. Wenn das Wasser wieder aufkocht, auf Fortkochstufe (2) zurückschalten und ca. 5 Minuten sanft kochen.

Schupfnudeln mit einem Schaum- oder Sieblöffel aus dem Wasser heben, gut abtropfen lassen und in einer Pfanne im heißen Butterschmalz knusprig bräunen.

Hedi: „Den Grieß kann man auch weglassen, wenn die Erdäpfel richtig mehlig sind."

Semmelknödel

ZUTATEN

300 g zerkleinerte getrocknete Semmeln oder Knödelbrot
Salz
Muskatnuss
gehackte Petersilie
50 g Butter
2–3 Eier
gut ⅜ l Milch
1–2 EL glattes Mehl

ZUBEREITUNG

Semmelwürfel oder Knödelbrot in eine Schüssel geben, mit Salz und Muskatnuss würzen. Petersilie dazugeben, Butter aufschäumen lassen, ohne dass sie braun wird. Butter über das Knödelbrot gießen, durchmischen. Milch leicht anwärmen, dazugeben. Gut durchmischen und mit einer Gummispachtel andrücken. Mit Mehl stauben und vermischen. Zum Durchziehen ca. 1 Stunde rasten lassen.

Mit nassen Handflächen aus der Masse Knödel formen und in siedendem Salzwasser garen, bis sie an der Oberfläche schwimmen. Zugedeckt noch etwas ziehen lassen.

→ Man kann nach der Butter auch angeschwitzte gehackte Zwiebeln dazugeben.

Serviettenknödel

Knödelmasse wie für Semmelknödel zubereiten, statt glattem jedoch griffiges Mehl verwenden. Die Masse kann etwas lockerer sein.

Ein sauberes, geruchsneutrales Leinen- oder Baumwolltuch gut wässern, ausreiben, auflegen. Aus der Knödelmasse mit feuchten Händen eine Rolle formen, in das Tuch einrollen (man kann nach einer Umdrehung die Rolle noch nachformen), mit Küchengarn an den Enden gut zubinden.

Serviettenknödel in kochendes Salzwasser geben, kurz aufkochen, zurückschalten und 15–20 Minuten ziehen lassen, bis der Knödel schwimmt.

Mehlknödel

Mehlknödel galten früher als Arme-Leute-Beilage. Und doch gibt es zu einem Schweinsbraten mit einem guten Saft kaum etwas Besseres, denn wenn Mehlknödel richtig zubereitet werden, bleibt die Masse im Inneren noch etwas mehlig-trocken. So saugen sie den Saft perfekt auf.

ZUTATEN

200 g griffiges Mehl
200 g glattes Mehl
Salz

ZUBEREITUNG

Ca. 1 l Wasser in einer Kasserolle zum Kochen bringen. Mehl in eine weite Schüssel schütten und salzen. Mit dem heißen Wasser abbrühen: kochendes Wasser Schöpfer für Schöpfer in einer kreisförmigen Bewegung am Schüsselrand eingießen und mit einer Gummispachtel, einem Kochlöffel oder einem Schneebesen mit dem Mehl vermengen. Insgesamt braucht man ca. ½ l kochendes Wasser, die Knödelmasse sollte nicht zu flüssig sein.

Hände mit lauwarmem Wasser gut befeuchten. Die für die gewünschte Knödelgröße nötige Menge Teig aus der Schüssel nehmen und Knödel drehen (die klassische Größe von Mehlknödeln liegt zwischen Tennis- und Tischtennisball). Knödel immer wieder ganz fest zusammendrücken, damit sie ompakt werden. Hände immer wieder befeuchten, damit sich die Knödeloberfläche gut schließt. Knödel in kochendes Salzwasser legen, aufkochen, zugedeckt leicht wallend ca. 15 Minuten kochen, bis sie schwimmen und sich drehen.

Mehlknodn

Im Elternhaus meiner Mutter, dem Huberwirt z'Aistersheim, servierte man zu den berühmten Huberschnitzeln traditionell auch Mehlknodn. Sie werden wie Mehlknödel zubereitet, nur formt man aus der Masse keine Knödel, sondern esslöffelgroße Nocken. Sie werden nach dem Kochen mit Schnitzelfett übergossen serviert.

MEHL~ SPEISEN

Erfahrene Köche haben fast alles im kleinen Finger. Nur bei den Mehlspeisen arbeiten auch die Profis streng nach Rezept und wägen die Zutaten peinlichst genau ab. Sogar meine Mutter, die ansonsten viel nach Gefühl kocht, konsultiert beim Backen stets ihre handschriftlichen Aufzeichnungen. Und sie achtet penibel auf Kleinigkeiten, die bei Mehlspeisen den Unterschied ausmachen. Zum Beispiel sollten Eier zum Backen oder für Schnee nicht legefrisch verarbeitet werden. Mit 3–4 Tagen gelagerten Eiern wird auch Biskuit viel flaumiger.

Ein besonderes Aushängeschild ihrer Mehlspeisküche ist die von ihr erfundene Klingertorte, eines der besten Rezepte für Nusstorten überhaupt. Für echte Backenthusiasten gedacht ist das legendäre Kardinalschnittenrezept meiner Mutter. Wem diese Rezeptur zu aufwändig erscheint, der kann das Original jedes Wochenende im Gasthof Klinger genießen.

Zu Desserts passt ein Gläschen Beerenauslese, Trockenbeerenauslese oder Eiswein. Besonders zu Desserts mit Früchten, zum Beispiel Apfelstrudel, Marillenknödel oder Marmeladepalatschinken, entsteht dabei ein herrliches Feuerwerk von Aromen. Auch ein Glas österreichischer Sekt ist ein würdiger Ausklang, vorausgesetzt es handelt sich um eine Reserve oder Große Reserve nach traditioneller Methode.

Die original Klingertorte

ZUTATEN

TORTENBODEN
- Butter für die Form
- Mehl für die Form
- 5 Eier
- 150 g Feinkristallzucker
- 1 Pkg. Vanillezucker (8 g)
- 1 Spritzer Inländer-Rum 38 %
- 125 g geriebene Walnüsse
- 60 g geriebene Kochschokolade
- 35 g glattes Mehl

BISKOTTEN
- 5 Eier
- 150 g Kristallzucker
- 180 g glattes Mehl
- Staubzucker zum Bestreuen

FÜLLE
- ¼ l Schlagobers
- 1 EL kalter kurzer Espresso
- 1 gestrichener KL Vanillezucker

TRÄNKE UND GARNITUR
- 150 ml Milch
- 2 cl Inländer-Rum 38 %
- 1 Rippe Kochschokolade
- einige KL Milch

ZUBEREITUNG

Für den Tortenboden Backrohr auf 160 °C Heißluft vorheizen. Eine runde Tortenform (28 cm Durchmesser) mit zerlassener Butter einpinseln. Kurz kalt stellen, dann innen mehlieren.

Eier mit Kristallzucker schaumig rühren, Vanillezucker und Rum beifügen und insgesamt ca. 10 Minuten in der Rührschüssel mit der Küchenmaschine rühren, bis die Masse schaumig ist. Nüsse, Schokolade und Mehl abmischen und unter die Masse heben. Ca. 40 Minuten backen, auskühlen lassen.

Für die Biskotten Rohr auf 150 °C Heißluft einstellen. Eier trennen, Eiweiß mit 100 g Zucker zu Schnee schlagen. Restlichen Zucker mit dem Eigelb schaumig rühren. Schnee auf die Eigelbmasse heben, Mehl darüber streuen und leicht unterheben. Mit einem Spritzsack auf ein mit Backpapier ausgelegtes Backblech Biskotten in „Knochenform" aufdressieren und gut mit Staubzucker überzuckern. In ca. 15 Minuten goldbraun backen.

Für die Fülle Obers aufschlagen, mit Kaffee und Vanillezucker aromatisieren. Tortenboden in der Mitte horizontal durchschneiden und 1 cm dick mit Creme bestreichen, zusammensetzen. Oben auf die Torte ebenfalls Creme auftragen.

Milch und Rum versprudeln, die Hälfte der Biskotten vorsichtig darin tränken. Creme auf der Tortenoberseite dicht mit getränkten Biskotten belegen. Mit der restlichen Creme bestreichen und mit ungetränkten Biskotten abdecken.

Schokolade im Wasserbad mit Milch schmelzen. Auf die Tortenoberfläche mit einem Löffel ein Gitter aus flüssiger Schokolade ziehen. Torte kühl und nicht zu trocken ½ Tag ziehen lassen.

Die Klingermühle

Der Geruch von gemahlenem Getreide und die glatte Haptik von Mehl gehören zu meinen prägenden Kindheitserinnerungen.

Denn unsere Familie stammt von der Klingermühle in Fading ab, das etwas außerhalb meines Heimatorts Gaspoltshofen liegt. Diese Mühle, die bereits seit dem 13. Jahrhundert bestehen dürfte, befindet sich seit über 250 Jahren im Familienbesitz. Der Cousin meines Vaters, Gerold Klinger, hatte sie vom Bruder meines Großvaters geerbt und – während bis zum EU-Beitritt Österreichs rundum die Mühlen zusperrten – ständig ausgebaut. 1998 übergab Gerold die Mühle an seinen Sohn Karl, der den Familienbetrieb seither höchst erfolgreich weiterführt.

Für uns Kinder war die Klingermühle immer ein legendärer Ort. Denn Onkel Gerold war in den Jahren 1955 bis 1958 als „rasender Müller" auf seiner privaten 500er BMW in die Motorrad-Weltelite vorgestoßen und hatte unter anderem die späteren Weltmeister Rupert Hollaus, John Surtees, Geoff Duke und Libero Liberati geschlagen. Schnelle Motorräder fuhren auch mein Vater und Gerolds Bruder Günter, ein sehr kinderfreundlicher Onkel, der ebenfalls in der Mühle arbeitete. Wir durften oft auf den Mehlsäcken unter der Plane seines Steyr Diesel zum Ausliefern mitfahren. In der Klingermühle stehen noch heute 18 liebevoll gepflegte historische BWM-Motorräder in einem kleinen Museum.

Dass bei uns in Gaspoltshofen 2004 in der letzten von ehemals vier Bäckereien der Ofen für immer ausging, und Brot und Gebäck heute nur noch im Supermarkt gekauft werden, halte ich für einen schmerzlichen Kulturverlust. Ein Glück, dass wieder mehr auf Bauernhöfen gebacken wird.

Bild oben: Postkarte der alten, 1842 erbauten Klingermühle

Bild unten links: Die Klingermühle erzeugt Mehle und Malz.

Bild unten rechts: Gerold Klinger, GP-Sieger in Brünn 1957

Hedis Kardinalschnitten

Lisl Wagner-Bacher kam früher gerne auf dem Weg zu den Salzburger Festspielen zu uns in den Gasthof Klinger. Als ich ihr eines Tages von unserem Kochbuchprojekt erzählte, meinte sie: „Dass du mir ja die Kardinalschnitte deiner Mutter nicht vergisst. So eine gute gibt's nirgends."

ZUTATEN

SCHNEEMASSE
8 Eiweiß (gut ¼ l)
Prise Salz
240 g Feinkristallzucker

BISKUITMASSE
2 Eier
3 Eigelb
1 Pkg. Vanillezucker
60 g Feinkristallzucker
60 g griffiges Mehl

KAFFEE-OBERS-FÜLLUNG
¾ l Schlagobers
1 gestrichener EL Instant-Kaffee
1 Pkg. Vanillezucker

Staubzucker zum Bestäuben

ZUBEREITUNG

Für den Schnee Eiweiß in der Küchenmaschine mit dem grobem Schneebesen mit Salz leicht anschlagen. Wenn es weiß wird, Zucker während des Schlagens einrieseln lassen und das Eiweiß gut ausschlagen.

Für die Biskuitmasse Eier, Eigelb, Vanillezucker und Feinkristallzucker ca. 6 Minuten in der zweiten Rührschüssel der Maschine schaumig rühren. Maschine ausschalten, Mehl einmehlieren und mit einer Spachtel untermischen. Backofen auf 160 °C Heißluft vorheizen und Staubzucker in einem Sieb bereitstellen.

2 Backbleche quer nebeneinander legen und mit Backpapier auslegen, das Papier an den Ecken mit je 1 Tupfer Schneemasse anheften. Auf jedem Backblech je 3 Böden oder Deckelbahnen machen: Die Schneemasse in einen Spritzsack mit großer Lochtülle füllen und pro Blech 9 je 2,5 cm breite Streifen von oben nach unten aufspritzen. Dabei immer links am oberen Blechrand beginnen und mit der Tülle in kreisförmigen Bewegungen zügig etwa 2,5 cm breite gekringelte Streifen bis zum unteren Blechrand ziehen. Eine Streifenbreite für das später einzufüllende Biskuit freilassen und den nächsten Streifen immer parallel zum ersten von oben nach unten ziehen.

Biskuitmasse in einen Spritzsack füllen und in gleicher Weise in die Zwischenräume zwischen die Schneemassestreifen dressieren, dabei Zwischenraum lassen. Am Ende hat man je Blech 3 separate Bahnen aus jeweils 3 Schnee- und dazwischen je

2 Biskuitbahnen. Die Bahnen mit Staubzucker bestäuben und im vorgeheizten Rohr backen. Bleche bei Halbzeit umdrehen und zusätzlich das obere nach unten und das untere nach oben geben. Nach gut 20 Minuten auf 80–120 °C zurückschalten und während der restlichen Backzeit das Rohr mit einem Kochlöffel einen Spalt offen halten. Insgesamt ca. 1 Stunde backen. Bleche herausnehmen und den Kuchen auskühlen lassen. Für die Fülle Schlagobers in eine Rührschüssel gießen. Kaffeepulver mit gerade so viel Wasser anrühren, dass es sich auflöst. Vanillezucker dazurühren, zum Schlagobers geben und die Masse mit der Küchenmaschine schön cremig schlagen.

Eine Kuchenbahn auf eine Unterlage legen, Creme mit einer Spachtel darauf ausbreiten und mit einer Palette schön gleichmäßig verstreichen. Eine zweite Bahn als Deckel daraufsetzen und vorsichtig andrücken. Die beiden anderen Böden ebenso füllen und bedecken. Nach dem Füllen mit der Creme etwa 3 Stunden im Kühlschrank anziehen lassen. Mit einem angefeuchteten Messer oder Elektromesser von den ca. 12 cm breiten, 32 cm langen und etwa 6–7 cm hohen Kuchen je 6 gut 5 cm breite Portionsschnitten schneiden.

Somloer Nockerl

Dieses pannonische Rezept hat uns ursprünglich Ilse Stieglmar, die Frau des legendären „Schurl" aus Gols, 1980 mitgebracht. Es stammt von ihrer Cousine, der Wirtin des Hotels Birkenhof. Wir haben es über die Jahre etwas weiterentwickelt.

ZUTATEN

BISKUITMASSE
- 8 Eier
- 160 g Feinkristallzucker
- 140 g glattes Mehl
- Butter für das Blech
- Mehl für das Blech
- 20 g Kakao

CREME
- 4 Eigelb
- ¾ l Milch
- 80 g glattes Mehl
- 150 g Feinkristallzucker
- 2 Pkg. Vanillezucker (je 8 g)

ZUM FERTIGSTELLEN
- 3 cl Inländer-Rum 38 %
- grob gehackte Walnüsse zum Bestreuen
- 100 g Kuvertüre
- einige KL Milch
- 50 g über Nacht in Rum eingelegte Rosinen
- ¼ l Obers

ZUBEREITUNG

Rohr auf 180 °C Heißluft vorheizen. Für den Biskuit Eier mit Zucker schaumig rühren. Gesiebtes Mehl einrühren.

Teig in 2 Hälften teilen. Einen Teil auf die Hälfte eines befetteten, gestaubten Backblechs streichen. Kakao in die Schüssel zum zweiten Teil des Teiges streuen und gut durchmischen. Die dunkle Masse an die helle anschließend auf das Blech streichen. Auf mittlerer Schiene im vorgeheizten Ofen ca. 15 Minuten backen. Herausnehmen und auskühlen lassen.

Inzwischen für die Creme alle Zutaten in einer Kasserolle verrühren, unter ständigem Rühren mit dem Schneebesen zum Kochen bringen und 4 Minuten blubbernd kochen. Auskühlen lassen.

Rum mit ⅔ Wasser verdünnen. Oberfläche des Biskuits mit einem Pinsel mit dem gewässerten Rum beträufeln. Biskuit in 4 Teile schneiden (2 helle, 2 dunkle). Ein helles Biskuitviertel in eine passende Kühlbox legen, mit ⅓ der Creme bestreichen und mit gehackten Walnüssen bestreuen. Ein dunkles Viertel darüberlegen und wieder mit Creme und Walnüssen bedecken. Mit dem dritten Teil (hell) ebenso verfahren, mit dem vierten (dunkel) abdecken, nicht mehr mit Creme bestreichen. Box mit einem Deckel verschließen und einige Stunden kühl stellen.

Schokolade mit Milch in einem Wasserbad schmelzen. Mit einem Löffel ein größeres Nockerl durch die 4 Biskuitschichten drehend bis zum Boxenboden abstechen, auf einem Teller anrichten und mit Rumrosinen bestreuen. Nockerl mit geschlagenem Schlagobers überziehen und darüber mit flüssiger Schokolade verzieren.

Nussroulade *mit* Walderdbeeren

In der letzten Woche der Sommerferien des Jahres 1964 stand die Geburt meiner Schwester Hedi bevor. Meine Mutter war bereits in der Klinik in Wels, daher schickte mich meine Großmutter mit dem vor unserem Gasthof haltenden ÖBB-Bus für eine Woche zu Verwandten nach Linz. Der Fahrer wurde gebeten, auf den Achtjährigen aufzupassen und bekam dafür zehn Zigaretten. In einem tollen Bungalow mit Pool auf dem Pöstlingberg lernte ich bei Tante Trude dann diese köstliche Mehlspeise kennen, deren Rezept meine Mutter später mit kleinen Monatserdbeeren aus dem Garten verfeinert hat.

ZUTATEN

BISKUITMASSE
6 Eier
120 g feiner Kristall- oder Staubzucker
120 g fein geriebene Walnüsse
40 g Mehl

FÜLLE
⅜ l Schlagobers
1 Pkg. Vanillezucker (8 g)
ggf. 1 EL Staubzucker
(je nach Süße der Erdbeeren)
Walderdbeeren zum Bestreuen

GLASUR
150 g Kuvertüre
100 g Butter

ZUBEREITUNG

Ofen auf 180 °C Heißluft vorheizen. Für die Biskuitmasse Eier mit dem Zucker schaumig schlagen. Nüsse mit Mehl vermischen und in die Schaummasse einarbeiten.

Ein Backblech (32 x 40 cm) mit Backpapier auslegen. Masse gleichmäßig mit einer Palette auf das Blech auftragen, auf der zweithöchste Schiene im Ofen ca. 10–15 Minuten goldbraun backen. Aus dem Ofen nehmen, sofort mit dem Papier zu einer Roulade einrollen und gerollt auskühlen lassen.

Schlagobers mit Vanillezucker und ggf. Staubzucker süßen und steif schlagen. Roulade aufrollen, mit dem gezuckerten Schlag bestreichen, reichlich mit Walderdbeeren bestreuen und sorgfältig einrollen.

Kuvertüre im Wasserbad schmelzen. Butter in kleinen Stücken dazugeben und einmontieren, bis alles homogen ist. Glasur mit der linken Hand über die Roulade gießen, mit einer Palette in der rechten Hand gleichmäßig über die Roulade verstreichen (Linkshänder umgekehrt). Zum Schluss rundum geriebene Nüsse auf die warme Kuvertüre streuen. Roulade im Kühlschrank etwas anziehen lassen.

WEIN-TIPP

Die Kombination von Säure, Nuss, Schlagobers und Schokolade fordert einen komplexen Süßwein mit einiger Reife, etwa eine zehnjährige Muskateller-Beerenauslese. Alternative: Brut Rosé, blitzsauber, fruchtbetont und feinperlig.

Hedi: „Bei Schokoglasuren für Kekse nehme ich keine Butter, aber für die flaumige Roulade darf die Glasur nicht zu hart sein, sonst kann man sie nicht gut schneiden. Durch die Butter wird sie schön zart und weich. Man kann die Roulade auch mit Haselnüssen oder mit Mandeln machen."

Apfelmanderl

ZUTATEN FÜR 18 MANDERL

TOPFEN-BUTTERTEIG
250 g glattes Mehl
Salz
250 g zimmerwarme Butter
250 g zimmerwarmer Topfen 40% Fett
Mehl für die Arbeitsfläche
griffiges Mehl zum Arbeiten

AUSSERDEM
12 mittelgroße säuerliche Äpfel (am besten Gravensteiner)
350 g Feinkristallzucker
1 Pkg Vanillezucker (8 g)
ca. 1 KL Zimt
18 Gewürznelken
1 Eiweiß
gehobelte Mandeln zum Bestreuen
Vanillestaubzucker (Verhältnis 1:10)

WEIN-TIPP
Bei den leicht karamellisierten Äpfeln in den Apfelmanderln denken wir an eine Grüner-Veltliner- oder Riesling-Auslese aus Niederösterreich zum Trinken oder eine Beerenauslese zum Nippen.

ZUBEREITUNG

Mehl in die Rührschüssel der Küchenmaschine geben, salzen, mit dem „Bischof"-Rührhaken verrühren. Butter in kleine Stücke schneiden und mit dem Topfen zum Mehl geben. 5 Minuten durchrühren (nicht zu homogen).

Teig auf eine mehlierte Arbeitsfläche legen und mit den Händen kurz durcharbeiten. Eine Rolle formen. Mit dem Nudelholz rechteckig 1 cm dick ausrollen. Eine einfache Tour machen: von links und rechts je ein Drittel einschlagen. Nochmals auf 1 cm ausrollen und eine doppelte Tour machen: von links und rechts zur Mitte einschlagen und noch einmal zusammenklappen. In Butterpapier einschlagen, in einen Frischhaltebeutel verpacken und über Nacht in den Kühlschrank legen.

Am nächsten Tag nochmals eine doppelte Tour machen und erneut 2 Stunden im Kühlschrank rasten lassen. Dann ist der Teig entspannt und kann gut verarbeitet werden.

Ofen auf 180 °C Heißluft vorheizen. Nudelbrett mit griffigem Mehl bestreuen. Jeweils die halbe Teigmasse zu einem ca. 2 mm dicken Quadrat ausrollen. Jedes Quadrat mit dem Teigrad in 9 kleinere Quadrate schneiden, zu ca. 12 cm Seitenlänge ausrollen.

Äpfel schälen, Kerngehäuse entfernen und halbieren. Feinkristallzucker, Vanillezucker und Zimt vermischen. Auf jedes Quadrat ½ TL von der Zuckermischung streuen – etwa die Grundfläche der Apfelhälften – darauf je 1 Apfelhälfte legen und wieder mit je ½ TL Zuckermischung bestreuen. Die Ecken der Quadrate über den Äpfeln zusammenschlagen und mit je 1 Gewürznelke feststecken. Manderl auf ein mit Backpapier ausgelegtes Backblech legen. Eiweiß verrühren, Apfelmanderl mit einem Pinsel bestreichen. Zum Schluss gehobelte Mandeln auf die Manderl streuen. Auf der obersten Schiene des Backrohrs ca. 25–30 Minuten backen. Noch warm mit Vanillestaubzucker bestreuen.

Mehlspeisen
KALTE MEHLSPEISEN

Hippenschüsserl

ZUTATEN

300 g Eiweiß

600 g Staubzucker

300 g Butter

Salz

1 Pkg. Vanillezucker (8 g)

1 Schuss Inländer-Rum 38 %

300 g glattes Mehl

240 g fein geriebene, gesiebte Haselnüsse

4 große Kugeln Eis nach Wahl

frische Beeren als Garnitur

geschlagenes Obers als Garnitur

ZUBEREITUNG

Eiweiß zu Schnee schlagen. Staubzucker, Butter, Salz, Vanillezucker und Rum schaumig rühren.

Eischnee auf die schaumige Masse geben. Mehl und Haselnüsse vermengen, darüberstreuen und einrühren.

Masse in einen tiefen Teller oder in eine kleine Schüssel geben, mit Frischhaltefolie abdecken und im Kühlschrank mindestens 1 Stunde kaltstellen.

Aus einem Plastikdeckel eine kreisrunde Schablone mit – je nach gewünschter Größe der Schüsserl – 11, 13 oder 17 cm Durchmesser ausschneiden. Backrohr auf 170 °C vorheizen.

Backblech vorwärmen, mit Backpapier auslegen. Mit der Schablone dünne, kreisrunde Scheiben Hippenmasse aufstreichen. Je 4 Stück im Rohr ca. 10 Minuten schön braun backen.

4 Kaffeehäferl umgestürzt auf die Arbeitsfläche stellen. Blech aus dem Rohr nehmen, Hippenscheiben einzeln mit einer Palette abheben und jeweils mittig auf ein Häferl legen. Mit den Fingern von oben rasch gewellte Schüsserl formen. Achtung, die Schüsserl werden sofort fest und sind sehr zerbrechlich.

Auf 4 Teller je 1 Hippenschüsserl setzen, mit 1 großen Kugel Eis der gewünschten Sorte füllen und am Rand mit Beeren und 1 Tupfer Schlagobers garnieren.

→ Wenn man nicht sofort die ganze Masse backen will, kann man den Rest einfrieren.

→ Auf dem Teller neben den Schüsserln je 1 zusätzliche Kugel Eis, Früchte und Schlag anrichten.

Stanitzerl

Hedi: „Wenn man aus Hippenteig (s. S. 184) Scheiben wie für Schüsserl bäckt, sie noch warm zu Tüten dreht und dann auskühlen lässt, lassen sie sich sehr gut mit Eis oder Schlag füllen und mit frischen Beeren nach Saison garnieren."

Erdäpfelsteckerl *mit* Zucker *und* Zimt

Erdäpfelsteckerl wurden im Hausruckviertel entweder trockenknusprig mit Sauerkraut serviert (s. S. 66) oder mit kochender Milch übergossen. Meine Mutter hat diese Version mit Rahm, Zucker und Zimt entwickelt. Wichtig ist, dass die Erdäpfelsteckerl zuerst knusprig gebacken werden.

ZUTATEN

500 g mehlige Erdäpfel
Salz
250 g Topfen (40 %)
50 g Grieß
175 g griffiges Mehl
2 kleine Eier
80 g Butter
Mehl zum Arbeiten
¼ l Schlagobers
350 g Feinkristallzucker
1 Pkg. Vanillezucker (8 g)
ca. 1 KL Zimt

ZUBEREITUNG

Erdäpfel kochen, sodass sie innen noch etwas knackig sind. Auskühlen lassen, schälen und mit der Küchenreibe (Krenreißer) fein reiben. Salzen, Topfen dazugeben.

Grieß mit dem griffigen Mehl und dann mit der Kartoffelmasse vermischen. Eier versprudeln und über die Masse gießen, mit der Gummispachtel rasch durchmischen, kosten und mit Salz abschmecken. Ca. 30 Minuten rasten lassen, damit der Grieß aufquillt.

Etwas Butter in einer Reine zergehen lassen und die Reine auf der Arbeitsfläche bereitstellen.

Teig zu einem Striezel formen, mit der Teigkarte Tranchen abschneiden. Daraus auf einem mehlierten Nudelbrett etwa 2 cm dicke Nudeln ausrollen. Nudeln von der Mitte weg rasch und locker mit der Handfläche „wuzeln" – nicht zu lang auf einer Stelle, nicht zu fest, aber zügig. Nudeln in die Reine legen. Restliche Butter schmelzen, Nudeln damit bepinseln, im vorgeheizten Rohr bei 180 °C Heißluft ca. 30–40 Minuten backen.

Mit Obers übergießen. Zucker, Vanillezucker und Zimt mischen, über die Nudeln streuen. Im Ofen nochmals 5–10 Minuten ziehen lassen.

Palatschinken

ZUTATEN

¼ l Milch

150 g glattes Mehl

Prise Salz

2–3 Eier

Butter zum Braten

Marmelade nach Wunsch zum Füllen

Vanillestaubzucker (Verhältnis 1:10)

ZUBEREITUNG

Milch, Mehl, Salz in einen Maßbecher mit Schnabel und Henkel mit dem Schneebesen glatt verrühren. Eier dazugeben und gut verrühren.

Bei Bedarf mit 2 Pfannen arbeiten (Gusseisen oder beschichtet). Pfannen heiß werden lassen, wenig Butter in die Pfanne geben und heiß werden lassen. Teller vorwärmen.

Pfanne leicht vom Körper weg gekippt halten, Teig von vorne in die Pfanne fließen lassen und rasch über die ganze Pfanne verteilen. Ränder lösen, Palatschinke anbacken. Mit einer langen Palette im oberen Drittel flach unterfahren, wenden, zweite Seite backen. Nochmals wenden, damit die zuerst gebackene (= schönere) Seite außen ist.

Marmelade mit einem Suppenlöffel aufstreichen, mit dem Löffelrücken verstreichen. Palatschinke zuschlagen, mit der Palette auf einen vorgewärmten Teller rutschen lassen. Mit Vanillestaubzucker bestreuen. Pfannen nach jeder Palatschinke sauber auswischen, bevor man die nächste bäckt.

Hedi: „Versuchen Sie einmal Eispalatschinken: Die Palatschinke nach dem Backen der zweiten Seite noch einmal zurückwenden (die erste Seite ist die schönere), Pfanne vom Feuer nehmen, rasch 2 Kugeln Vanilleeis darauflegen, Palatschinke zusammenschlagen und auf einem heißen Teller anrichten. Zuckern, mit geschmolzener Schokolade beträufeln und mit einem Tupfer Schlagobers an der Seite sofort servieren."

Marillenknödel

ZUTATEN FÜR 6 HAUPT- ODER 9 NACHSPEISEN- PORTIONEN

500 g mehlige Erdäpfel
Salz
500 g Topfen (40 %)
unbehandelte Bio-Zitronenschale
wenig Feinkristallzucker
kleine Prise Vanillezucker
50 g Grieß
175 g griffiges Mehl
2 kleine Eier
griffiges Mehl zum Arbeiten
ca. 18 Marillen
125 g Butter
125 g Semmelbrösel
Vanillestaubzucker (Verhältnis 1:10) oder Feinkristallzucker zum Bestreuen

ZUBEREITUNG

Erdäpfel kochen, sodass sie innen noch etwas knackig sind. Auskühlen lassen, schälen und mit der Küchenreibe (Krenreißer) fein reiben. Salzen, Topfen, Zitronenschale und Zucker dazugeben.

Grieß mit dem griffigen Mehl und dann mit der Kartoffelmasse vermischen. Eier versprudeln und über die Masse gießen, mit der Gummispachtel rasch durchmischen. Kosten und mit Salz abschmecken. Ca. 30 Minuten rasten lassen, damit der Grieß aufquillt.

Auf dem bemehlten Nudelbrett eine Teigrolle formen (Durchmesser 6–7 cm, je nach Größe der Marillen). Ein Häufchen griffiges Mehl am Rand des Bretts anhäufen. Eine Scheibe Teig von 2 cm Dicke herunterschneiden. Hände mehlieren, 1 Marille mit Kern in die Mitte der Teigscheibe legen. Zu einem Knödel drehen, dabei darauf achten, dass keine Luft zwischen Marille und Teig bleibt. Gut verschließen und gleichmäßig drehen. Auf einem Teller in Mehl schwenken.

Knödel in kochendes, leicht gesalzenes Wasser legen. Kochen bis sie aufsteigen und zu „tanzen" beginnen.

Inzwischen Butter erhitzen und die Brösel darin goldbraun rösten.

Knödel aus dem Wasser heben und in gerösteten Bröseln wenden (gleich in der Pfanne oder die Brösel in eine separate Schüssel zum „Wuzeln" geben). Mit Vanillestaubzucker oder Feinkristallzucker bestreuen und servieren.

Wuchteln *mit* Vanillesauce

Buchteln – oder wie wir in Oberösterreich sagen „Wuchteln" – mit Vanillesauce waren früher ein klassisches Fastenessen am Freitag, dem Mehlspeistag. Mehlspeis-Tiger haben sich beim Herrgott für solche „Entbehrungen" herzlich bedankt.

ZUTATEN FÜR 24 WUCHTELN UND 4 PORTIONEN SAUCE

1 Würfel = 42 g Germ
70 g feiner Kristall- oder Staubzucker
300 ml lauwarme Milch
500 g zimmerwarmes glattes Mehl
2 Eigelb
1 Ei
1 Pkg. Vanillezucker (8 g)
Schale von 1 kleinen unbehandelten Bio-Orange oder Zitrone
½ TL Salz
70 g weiche Butter
Marillenmarmelade (oder nach Wunsch Powidl, Brombeer- oder Ribisel-Himbeer-Marmelade) zum Füllen
80 g geschmolzene Butter
Mehl zum Arbeiten

VANILLESAUCE

½ l Milch
24 g Vanillepuddingpulver
1 Vanilleschote oder 1 Pkg. Vanillezucker
wenig Zucker nach Geschmack

ZUBEREITUNG

Backrohr auf 50 °C vorwärmen. Germ zerbröseln und in einem hohen Rührbecher mit ½ KL vom Zucker in ca. 1/16 l von der Milch auflösen. Mit 2 KL vom Mehl zu Brei (Dampfl) verrühren. Im Backrohr 30 Minuten gehen lassen, bis sich das Volumen deutlich vergrößert hat.

Eigelb und Ei mit Vanillezucker, Zitrusschale und Salz gut vermischen. Restliche Milch dazugeben, mit restlichem Mehl, Butter und dem Dampfl mit der Küchenmaschine oder mit dem Handrührgerät (Knethaken) zu einem glatten Teig rühren, bis er sich leicht vom Rand der Schüssel löst.

Mit einem Tuch bedeckt im 50 °C warmen Rohr nochmals ca. 30 Minuten gehen lassen, bis sich das Volumen des Teiges verdoppelt hat.

Zwei Drittel der geschmolzenen Butter in eine rechteckige Emailreine (36 x 22 x 6 cm) gießen. Die Reine im Rohr bei 50 °C bereithalten, sodass die Butter flüssig bleibt.

Arbeitsfläche bemehlen. Teigschüssel gekippt an den linken Rand der Fläche lehnen, die Hälfte des Teigs mit der Teigkarte auf die Fläche befördern. Eine Rolle formen, mit einer Teigkarte 12 Portionen von je 50–60 g abstechen.

Mit einer Hand wie für Krapfen zu kleinen Laibchen schleifen. 6 Laibchen von links nach rechts am oberen Rand der Arbeitsfläche auflegen und mit einem Geschirrtuch abdecken. Eine weitere Reihe von 6 Laibchen unterhalb auflegen und ebenfalls mit dem

Tuch abdecken. Mit der anderen Teighälfte ebenso verfahren. Am Ende liegen 4 Reihen zu je 6 Laibchen abgedeckt in der oberen Hälfte der Arbeitsfläche.

Die erste Reihe abdecken. Die Laibchen sollten etwas aufgegangen sein. Flachdrücken, dabei in der Mitte eine Mulde bilden. Auf der unteren Hälfte der Arbeitsfläche nebeneinander auflegen. Je 1 KL Marmelade in die Mulden geben, Teigränder über der Marmelade zusammendrücken.

Wuchtel mit der Nahtstelle nach unten in die Reine legen, dabei darauf achten, dass an der Stelle, an der sie zu liegen kommen, flüssige Butter ist. Gegebenenfalls Butter mit dem verbliebenen Drittel aus der Kasserolle ergänzen. Rasch arbeiten, Wuchteln nebeneinander in die Reine legen, bis sie mit 4 x 6 Wuchteln voll ist.

Reine in das 50 °C warme Rohr schieben und die Wuchteln etwa 20 Minuten aufgehen lassen. Auf 160 °C Heißluft hochschalten, gut 30 Minuten backen, bis die Oberfläche goldbraun ist.

Währenddessen für die Sauce Puddingpulver mit 3 EL von der Milch anrühren. Restliche Milch mit Vanillezucker oder dem aus der Schote gekratzten Mark aufkochen, vom Feuer nehmen, angerührtes Puddingpulver einrühren, 1–2 Minuten unter Rühren kochen.

Reine aus dem Rohr nehmen, Wuchteln mit einer Palette am Rand loslösen und die Reine mit Backpapier abdecken. Rost aus dem Rohr nehmen, auf das Papier legen. Reine stürzen, sodass die Wuchteln verkehrt auf dem Papier und dem Rost liegen.

Einige Minuten rasten lassen, dann die Reine von den Wuchteln abheben. Boden der Wuchteln mit Backpapier abdecken, ein Backblech darauflegen. Wuchteln wieder umdrehen. Mit Sauce anrichten und mit Staubzucker bestreuen.

Kaiserschmarrn

Für uns Kinder war Kaiserschmarrn mit Holler- oder Zwetschkenröster ein typisches Freitagmittagessen nach der Schule. Dazu tranken wir, wie bei Palatschinken auch, frische Milch aus der benachbarten Molkerei. Das waren noch Zeiten, als es noch keine Laktoseunverträglichkeit gab. Jedenfalls haben wir nichts davon gewusst.

ZUTATEN

¼ l Milch 3,5 %

150 g glattes Mehl

1 Prise Salz

2–3 Eier (je nach Größe)

50 g Butter

2 EL Kristallzucker

Rosinen (fakultativ)

Vanillestaubzucker (Verhältnis 1:10)

ZUBEREITUNG

Milch, Mehl und Salz in einem Maßbecher mit Schnabel und Henkel mit dem Schneebesen glatt verrühren. Eier dazugeben und gut verrühren.

Butter in einer beschichteten Pfanne heiß werden lassen und den Teig eingießen. Pfanne zudecken und die Teig-Unterseite bei guter Hitze Farbe nehmen lassen. Das dauert etwa 5 Minuten. Wenn die Unterseite schön goldbraun ist, das Omelett umdrehen (das geht leichter, wenn man es viertelt und die Teile einzeln wendet) und die andere Seite zugedeckt bräunen. Dann das Omelett mit 2 Holzspachteln in mundgerechte Stücke zerreißen und gut durchmischen. Mit Kristallzucker bestreuen, Hitze zurückschalten und wieder durchmischen. Zugedeckt karamellisieren lassen. Wenn gewünscht, Rosinen einstreuen und den Schmarrn gut durchziehen lassen. Zum Schluss mit Vanillestaubzucker bestreuen.

→ Man kann den fertigen Schmarrn auch mit einem Gemisch aus Kristallzucker und Zimt bestreuen.

→ Der klassische Wiener Kaiserschmarrn wird mit geschlagenem Eischnee zubereitet, damit er besonders luftig aufgeht oder „soufliert", wie die Profis sagen. Dabei wird der Teig wie oben zubereitet, nur dass Eigelb und Eiweiß getrennt werden und das Eiweiß zu Schnee geschlagen wird. Zuerst wird nur das Eigelb in die Masse gegeben, wenn alles glatt verrührt ist, wird der Eischnee untergehoben.

Zwetschkenröster

ZUTATEN

1 kg Zwetschken
150 g Kristallzucker
1 kleines Stück Zimtrinde

ZUBEREITUNG

Die Zwetschken halbieren und entkernen. Zucker mit ½ l Wasser und Zimtrinde aufkochen. Die Zwetschken beifügen und 10 Minuten weich dünsten. Zugedeckt auskühlen lassen und Zimtrinde entfernen.

↪ 10 g Puddingpulver mit ⅛ l Schlagobers verrühren und in den Zwetkschenröster einrühren, damit er eine schöne Bindung bekommt. Zugedeckt abkühlen lassen.

Hollerröster

ZUTATEN

1 kg abgerebelte Hollerbeeren
250–300 g Kristallzucker

ZUBEREITUNG

Hollerbeeren mit Zucker dicklich einkochen und in sterilisierte Einmachgläser füllen. Gut verschließen und 12–15 Minuten im Dunst kochen. So hat man immer eine fruchtige Köstlichkeit auf Vorrat.

Hedi Klingers Apfelbunkerl

ZUTATEN

TEIG
½ l Milch
Salz
300 g Universalmehl Type 480
3 Eier
125 g Butter
750 g fein geschnittene Apfelspalten

ZUCKER-ZIMT-MISCHUNG
350 g Feinkristallzucker
1 Pkg. Vanillezucker (8 g)
ca. 1 KL Zimt

Vanillestaubzucker
(Verhältnis 1:10)

ZUBEREITUNG

Milch in eine Schüssel geben, Salz und Mehl hinzufügen und durchmischen. Eier versprudeln und dazugeben. Mit dem Schneebesen kurz, aber gut durcharbeiten, dass keine „Powaln" bleiben und ein etwas festerer Palatschinkenteig entsteht.

Butter in vorgeheizte feuerfeste Portionsförmchen geben und leicht bräunen oder zerlassene Butter in die Formen geben.

Teig bis zu ⅓ der Formen eingießen. Apfelspalten drauflegen, gut anhäufen, sie sinken etwas ein. Zucker, Vanillezucker und Zimt mischen, großzügig drüberstreuen (karamellisiert beim Backen).

Ofen auf 180 °C vorheizen. Bunkerl je nach Größe ca. 45 Minuten mit Heißluft auf der obersten Schiene backen, bis die Ränder schön aufgegangen und knusprig sind.

Aus den Formen lösen und auf gut vorgeheizten Tellern mit Staub- und Vanillezuckermischung bestreuen.

↪ Pro Person 1 Kugel Eis in einem Schüsserl dazu servieren.

↪ Statt Äpfeln passen auch Birnen, Zwetschken, Kirschen, Pfirsiche oder Beeren.

Hedi: „Normalerweise wird ein Apfelbunkel in der Reine oder auf dem Backblech gebacken. Einmal habe ich eine Miniversion in einer kleinen Suppenterrine gemacht. Das Ergebnis war wunderbar: Jeder bekommt viel knusprigen Rand und das Ganze sieht auch noch sehr gut aus."

Ausgezogener Apfelstrudel

Hedi: „Für Strudel verwende ich Apfelspalten mit Schale – das gibt einen guten Geschmack. Strudelteig mache ich immer von 1 kg Mehl und friere ihn in 5 Portionen ein. So habe ich je nach Bedarf die nötige Menge Teig vorrätig. Am besten nimmt man dafür einen 1-kg-Gefrierbeutel, schneidet ihn auf einer Seite und unten auf. So kann man die Teiglaibchen zum Einfrieren gut verpacken.

Den eingefrorenen Strudelteig 1 Tag vor der Verwendung aus dem Gefrierfach nehmen, in den Kühlschrank legen. 3 Stunden vor der Verwendung aus dem Kühlschrank nehmen. Die letzte Stunde mit einer warmen Schüssel bedecken.

Ich mache heute alle Teige (Germteig, Biskuit, Mürbteig, Keksteige, Lebkuchen, Ölkuchen) in der Küchenmaschine. Manchmal arbeite ich sie dann noch händisch durch. Das ist eine enorme Arbeitserleichterung und man merkt wirklich keinen Unterschied. Mit ganz frischem Mehl gelingt der Strudel übrigens nicht so gut. Auch Mehl braucht etwas Zeit zum Reifen."

Ausgezogener Apfelstrudel

Mein Bruder Wolfgang war als Kind, wie man so sagt, ein rechter „Süßer". Mehlspeisen aller Art waren seine Leibspeisen. Vor allem liebte er ausgezogenen Apfelstrudel, den er in seiner Kindersprache „Tischumdreher" nannte, weil Mama zum Ausziehen des Strudelteigs immer den Küchentisch umdrehte, damit sie rundherum gehen konnte. Beim Wirt z'Neuhausen bei Schörfling am Attersee heißt dieses Gericht „g'schlamperter Apfelstrudel", weil er von der Form her beim Zusammenschlagen recht unregelmäßig wird.

ZUTATEN FÜR GUT 1 KG TEIG

TEIG

1 kg glattes Mehl

2 Eier

2–3 EL Pflanzenöl

Salz

glattes Mehl zum Arbeiten

FÜLLE

150 g Butter zum Beträufeln und Bestreichen

100 g Feinkristallzucker

1 Pkg. Vanillezucker

1 gestrichener KL Zimt

1,4 kg dünn geschnittene, ungeschälte Apfelspalten

ZUBEREITUNG

Alle Zutaten für den Teig mit ⅛ l lauwarmem Wasser in die Rührschüssel der Küchenmaschine füllen, ca. 10–15 Minuten mit dem Knethaken schön glattrühren.

Die gewünschte Menge Teig auf ein leicht bemehltes Nudelbrett geben, den Rest einfrieren oder anderweitig verwenden. Für 1 Strudel passen ca. 200 g Teig. Vor der Weiterverarbeitung unter einer warmen Schüssel ca. 1 Stunde rasten lassen.

Backrohr auf 180 °C Heißluft vorwärmen. Einen Tisch so aufstellen, dass man rundherum gehen kann und mit einem feinen, sauberen und geruchsneutralen Leinentuch bedecken. Ganz fein mit glattem Mehl bestreuen.

Laibchen mit dem Nudelholz auf dem Tuch etwa 4 mm dünn ausrollen und über die Handrücken stülpen. Wie ein Pizzamacher den Teig im Kreis über dem bemehlten Handrücken ausziehen.

Dünn ausziehen und auf das Leinentuch legen, vom Rand her sehr dünn ausziehen. Dabei nimmt man den Teigrand immer mit den Fingern von oben und greift mit dem Daumen unter dem Teig. Besonders gut geht das, wenn man zu zweit ist, dann ziehen beide immer in die entgegengesetzte Richtung. Zum Schluss die etwas dickeren Teigränder abschneiden oder abreißen.

Strudelteig mit einem Pinsel mit zerlassener Butter beträufeln. Zucker, Vanillezucker und Zimt mischen, auf den Teig streuen, mit Apfelspalten belegen.

Strudel von den Seiten einrollen, indem man das Tuch hochhebt und links und rechts den Rand ein paar Zentimeter einschlägt. Wenn der Teig groß genug ist, auch oben einschlagen. Überlappende Teigränder mit flüssiger Butter bestreichen. Strudel von unten her auf vier bis fünf Mal zu einer schönen Rolle einrollen.

Jetzt gibt es 2 Zubereitungsvarianten:

Variante 1 – trockener Strudel: Die Strudelstränge entweder in einer gebutterten Reine oder auf einem mit Backtrennpapier ausgelegten Backblech nebeneinander auflegen. In das auf 180 °C vorgewärmte Rohr schieben und etwa 30 Minuten schön goldbraun backen.

Variante 2 – Apfelstrudel mit Milch: Strudel in einer mit Butter ausgeschmierten Auflaufform ca. 30 Minuten bei 180 °C backen und kurz vor Ende mit ⅜ l leicht gesalzener heißer Milch übergießen. Auf 90 °C zurückschalten und maximal 10 Minuten im Rohr weiterbacken, wobei der Strudel die Milch fast aufsaugt. Bei Bedarf einmal Milch nachgießen.

Fertigen Strudel mit Zucker und Zimt bestreuen und aufschneiden.

Hedi: „Ich mache den Strudelteig immer von 1 kg Mehl, dann passen die Mengenverhältnisse am besten.

Powidltatschkerl

ZUTATEN

500 g mehlige Erdäpfel
Salz
500 g Topfen (40 %)
unbehandelte Bio-Zitronenschale
wenig Feinkristallzucker
kleine Prise Vanillezucker
50 g Grieß
175 g griffiges Mehl
2 kleine Eier
300 g Powidl
2 cl Inländer-Rum 38 %
1 MS Zimt
Mehl zum Arbeiten
125 g Butter
125 g Semmelbrösel
Staubzucker zum Bestreuen

ZUBEREITUNG

Erdäpfel kochen, sodass sie innen noch etwas knackig sind. Auskühlen lassen, schälen und mit der Küchenreibe (Krenreißer) fein reiben. Salzen, Topfen, Zitronenschale und Zucker dazugeben.

Grieß mit dem griffigen Mehl und dann mit der Kartoffelmasse vermischen. Eier versprudeln und über die Masse gießen, mit der Gummispachtel rasch durchmischen. Kosten und mit Salz abschmecken. Ca. 30 Minuten rasten lassen, damit der Grieß aufquillt.

Powidl mit Rum und Zimt verrühren. Teig auf dem gemehlten Nudelbrett 4–5 mm dick quadratisch ausrollen. Einen Krapfenausstecher mit 6–8 cm Durchmesser (je nach gewünschter Größe der Tascherl) bereitstellen.

Mit einem Löffel je 10 g Powidl 5 cm vom unteren Rand entfernt in einer Reihe von links nach rechts auf den Teig geben (Abstand je nach Größe des Krapfenausstechers). Teig von unten nach oben über die Powidlhäufchen schlagen. Mit dem Krapfenausstecher schöne Halbmonde mit Powidl in der Mitte abstechen. Ränder mit den Fingern fest verschließen.

Wasser zum Kochen bringen und leicht salzen. Powidltascherln einlegen und sanft wallend kochen, bis sie an der Oberfläche schwimmen.

Inzwischen Butter erhitzen und die Brösel darin goldbraun rösten. Tascherl aus dem Wasser heben, abtropfen lassen und in den Bröseln wenden. Auf heißen Tellern anrichten und mit Staubzucker bestreut servieren.

Zwetschkenpofesen

Früher machte man Pofesen mit Butter- oder sogar Schweineschmalz. Heute nimmt man meistens ein hitzebeständiges Frittierfett. Früher machte man sie in einer Eisenpfanne auf dem Küchenherd, wobei die Ringe ausgehoben wurden und die Pfanne mit einem kräftigen offenen Feuer von Birn-, Buchen- oder Erlenholz beheizt wurde.

ZUTATEN FÜR 4 × 3 STÜCK

ca. ½ Weißer Wecken (12 Scheibenpaare)
12 EL Powidl zum Füllen
4 Eier
Salz
Schweine- und Butterschmalz oder Frittierfett zum Ausbacken
Staubzucker zum Bestreuen

ZUBEREITUNG

Vom Wecken 1 cm dicke Scheiben schneiden, wobei immer 1 Scheibe eingeschnitten und die zweite vollständig abgeschnitten wird, sodass je 2 Schnitten an einer Seite noch zusammenhängen.

In die Taschen je 1 EL Powidl streichen.

Eier leicht versprudeln, sodass sie noch Fäden ziehen, leicht salzen. Fett in einer Pfanne erhitzen. Brotschnitten durch das Ei ziehen. Im heißen Fett schwimmend herausbacken.

Auf Küchenrolle abtropfen lassen und mit Staubzucker bestreut servieren.

↪ Der Wecken sollte nicht zu große Poren haben und 1 oder 2 Tage alt sein.

Weihnachtsbäckerei

Der nebelige November war für uns Kinder immer ein düsterer Monat. Oft kamen wir von unseren Streifzügen über die Äcker so verdreckt heim, dass uns zu Hause ein Donnerwetter erwartete.

Anfang Dezember aber wendete sich das Blatt. Der Duft von Tannennadeln, Zimt, Nüssen und Vanillezucker durchströmte das Haus, wenn unsere Mutter die Vorweihnachtszeit mit dem Binden des Adventkranzes und dem Backen von Nikoläusen und Krampussen aus Lebkuchen einläutete. Nach dem Nikolaustag ging es dann an die vielfältige Weihnachtsbäckerei, die Hedi auch heute noch für die verstreute Familie in Schachteln und Blechdosen liefert: Butterstangerl, Husarenkrapferl, Nussbusserl, Spitzbuben, Zimtkarten, Polo-Nero und vor allem die legendären Vanillekipferl. In Österreich gibt es sicherlich eine Million Menschen, die felsenfest davon überzeugt sind, dass ihre Mamas oder Omas die besten Vanillekipferl machen. Dazu gehöre natürlich auch ich, jedenfalls habe ich noch keine besseren Vanillekipferl gegessen als unsere.

Hedi, die sonst beim Kochen viel improvisiert und exakte Mengenangaben bei den Zutaten als graue Theorie bezeichnet, wird bei der Weihnachtsbäckerei besonders akribisch. Die Grundrezepte holte sie sich bei den österreichischen Kochbuchklassikern, und doch besteht sie beim Keksbacken auf ihre eigenen Methoden. Auch wenn es ihr mit 88 Jahren nicht mehr ganz so leicht fällt, hat sie ihre Keksklassiker für das Fotoshooting mit der ihr eigenen Genauigkeit Sorte für Sorte zierlich und gleichmäßig geformt. Und damit ihre Backkunst auch für kommende Generationen erhalten bleibt, hat sie ihre Urenkerl Paul und Anna zum Keks- und Lebkuchenbacken eingeladen.

Bild links
(von oben nach unten):

Zimtkarten
Polo-Nero halb-halb
Butterstangerl
Husarenkrapferl
Polo-Nero gestreift
Lebkuchenherzen
Spitzbuben
Vanillekipferl
Nussbusserl

Feiner Lebkuchen

Meine Mutter hat nach wie vor ihre Freude daran, die Großfamilie mit ihren Backkünsten zu verwöhnen. Alles beginnt mit dem Lebkuchenbacken rechtzeitig vor dem Nikolaustag.

ZUTATEN

200 g Rohzucker

400 g Dinkel-Vollkornmehl

200 g weißes Roggenmehl

10 g Natron

4 Eier

6 EL Honig

1 Pkg. Lebkuchengewürz

1 gestrichener TL Zimt

je 1 TL fein abgeriebene Zitronen- und Orangenschale

100 g zerlassene Butter

80 g geriebene Walnüsse

ZUBEREITUNG

Den Rohzucker im Mixglas fein mixen. Inzwischen das Mehl in einen Weitling sieben und gut mit dem Natron vermischen. In die Rührschüssel der Küchenmaschine alle Zutaten außer Mehl und Natron geben und mit dem Schneebesen-Aufsatz schaumig rühren. Nach etwa 5 Minuten die Hälfte des Mehls mit dem Natron dazugeben. Die andere Hälfte des Mehls auf ein Brett schütten. Einen Krater formen und die Masse aus der Rührschüssel hineinschütten. Mit der Gummispachtel nachhelfen. Mit einer Teigkarte alles gut vermischen. Den Teig gut durchkneten, in eine Frischhaltebox geben und gut verschlossen im Kühlschrank aufbewahren. Diesen Lebkuchenteig kann man tagelang im Voraus machen.

Wenn man die Lebkuchen backen will, den Teig auf einem bemehlten Brett je nach gewünschter Form 3–5 mm dick ausrollen und die gewünschten Formen ausstechen. Bei 160 °C Heißluft im vorgeheizten Ofen ca. 10 Minuten backen.

Hedi: „Ich mache Anfang Dezember immer Nikoläuse und Krampusse. Dabei benütze ich blanchierte Mandelhälften (s. S. 217), Rosinen, Dörrzwetschken und Cocktailkirschen. Kleinere Lebkuchenformen wie Sterne, Bäume, Herzen oder allerlei Tiere machen nicht nur Kindern eine rechte Freude. Für Lebkuchenhäuschen bäckt man den Lebkuchen 1–2 Tage im Voraus und 1–2 Minuten länger, damit er etwas härter und stabiler wird."

Butterstangerl

Diese milden Rechtecke mit ihrer hellen Glasur scheiden die Geister. Während sich die einen fragen, was das Besondere an ihnen sein soll, sind die anderen regelrecht süchtig danach. Jedenfalls muss man beim Glasieren sorgfältig arbeiten, sonst gerät das Ganze zu einer ordentlichen Patzerei.

ZUTATEN

TEIG

280 g glattes Mehl
1 Prise Salz
280 g Butter
4 EL Weißwein (oder 2 EL Weißwein und 2 EL Schlagobers)
1 Eigelb

GLASUR

2 Eiweiß
350 g Staubzucker

ZUBEREITUNG

Mehl salzen. Butter in Blättchen scheiden, mit dem Nudelholz Blättchen im Mehl dünn auswalzen. Wein und Eigelb verrühren, daruntermischen und alles schnell zu einem Teig verkneten. 1 Stunde im Kühlschrank rasten lassen.

Inzwischen die Glasur vorbereiten: Eiweiß kurz locker aufschlagen, Staubzucker einrühren.

Weiterschlagen (quirlen), bis eine dicke Schnürleismasse entsteht. Teig ca. 2–3 mm dick ausrollen. Mit der Schnürleismasse bestreichen, an den Rändern geradeschneiden. Mit einem Messer oder Nudelrad in ca. 2,5 x 5 cm große Streifen schneiden. Mit einem Messer eher eng nebeneinander auf ein mit Backpapier ausgelegtes Backblech legen. Bei 160 °C Heißluft im vorgeheizten Ofen ca. 10 Minuten backen, aber nicht bräunen lassen, sie sollen nur ganz leicht beige werden.

Hedi: „Ich habe die Erfahrung gemacht, dass Elektro-Öfen zu verschiedenen Tageszeiten verschieden intensiv heizen. Wenn zu Spitzenzeiten die Betriebe viel Strom verbrauchen oder auch im Haus viele Geräte laufen, ist die Hitze weniger intensiv. Am Wochenende ist die Hitze spürbar stärker."

Husarenkrapferl

Mein Vater war in der Weihnachtszeit beim Anblick dieser kleinen runden Köstlichkeiten kaum zu bremsen. Dabei ist so ein Husarenkrapferl keine Kunst. Man kann auch gemahlene Haselnüsse in den Teig geben, aber meine Mutter macht sie immer ohne.

ZUTATEN FÜR CA. 40 KRAPFERL

140 g zimmerwarme Butter
70 g Staubzucker
½ Pkg. Vanillezucker
2 Eigelb
1 Prise Salz
etwas fein abgeriebene Zitronenschale
140 g glattes Mehl

ZUBEREITUNG

Teig am besten in einer Küchenmaschine zubereiten. Butter schaumig rühren und mit Staubzucker, Vanillezucker, Eigelb, Salz sowie Zitronenschale mischen. Mehl dazugeben und alles zu einem Mürbteig verarbeiten. Aus dem Teig einen Striezel formen, 1–2 Stunden im Kühlschrank rasten lassen, damit die Butter erkaltet und die Masse eine etwas festere Konsistenz bekommt. So kann man sie besser verarbeiten.

Backofen auf 200 °C Ober-/Unterhitze vorheizen. Vom Teig eine ca. 4 cm dicke Scheibe abschneiden, zu einer daumendicken Rolle auswalzen und diese gleichmäßig in ca. 2 cm lange Stücke schneiden. Zu Kugeln formen, auf ein mit Backpapier ausgelegtes Backblech legen und zu Krapferln flachdrücken. In diese mit einem kleinen Teelöffel in der Mitte Vertiefungen eindrücken, die später die Marmelade aufnehmen werden.

Die Krapferl auf der mittleren Schiene eine knappe Viertelstunde backen. Sie müssen hellgelb bleiben und dürfen nicht zu viel Farbe annehmen. Etwas auskühlen lassen. Inzwischen die Marmelade erhitzen und glattrühren. Die Krapferl damit befüllen und mindestens 24 Stunden trocknen lassen, bevor sie in eine Keksdose gefüllt werden können. Zwischen die Schichten Backpapier legen.

Spitzbuben

Mit Marmelade gefüllte Kekse aus Mürbteig kann man in den verschiedensten Formen ausstechen: Sterne, Ringe, Herzen usw. Sehr originell sind auch Kranzerl mit einem kranzerlförmigen Loch in der Mitte und mit dem ausgeschnittenen Stückerl extra am Rand. Sie werden manchmal auch „Spitzbuben" genannt, wobei der Mürbteig auch mit geriebenen Mandeln – wie bei Linzer Augen – oder Haselnüssen abgewandelt werden kann. Unser Weihnachtsklassiker ist aber der ganz normale Mürbteig mit einem Stamperl Rum für den besonderen Geschmack.

ZUTATEN

400 g glattes Mehl

120 g Staubzucker

1 Prise Salz

fein abgeriebene Zitronenschale

1 Pkg. Vanillezucker

1 Eigelb

2 cl Inländer-Rum

250 g zimmerwarme Butter

2 EL Staubzucker

250 g Marillen- oder Ribisel-Himbeer-Marmelade (s. S. 223)

Staubzucker zum Bestreuen

ZUBEREITUNG

Das Mehl auf ein Brett sieben. Einen „Vulkan" formen. In den Krater Staubzucker, Salz, Zitronenschale, Vanillezucker, Eigelb und Rum geben. Butter in kleine Stücke schneiden und auf dem Mehl verteilen. Mit den Händen vermischen, dazwischen mit dem Nudelwalker die Butter gut in das Mehl hineinwalken. Die Masse mit den Fingern abbröseln und rasch zu einem glatten Mürbteig verkneten. Eine Rolle formen und mit Alufolie oder der Butterverpackung einrollen. Nochmals in Butterpapier einschlagen und in ein verschließbares Gefriersackerl packen, damit der Teig keine Gerüche anzieht. 2 Stunden im Kühlschrank rasten lassen.

Backofen auf 180 °C Heißluft vorheizen. Den Teig teilen und portionsweise auf einer bemehlten Fläche (am besten Holz oder Marmor) 3 mm dünn ausrollen. Die Form der Bäckerei bestimmen, zum Beispiel Sterne, Kranzerl, Ringe, Herzen, und auch die Form des Lochs. Jedes Keks besteht aus 2 Teilen: Der Unterteil ist ganz. Der Oberteil in der gleichen Form hat ein Loch in der Mitte. Man kann auch noch eine Miniversion der gleichen Form aus dem Teig ausstechen und an der 12-Uhr-Position der Oberseite andrücken.

Die ausgestochenen Plätzchen nebeneinander auf ein mit Backpapier ausgelegtes Backblech legen und auf der mittleren Schiene im Ofen 10–15 Minuten bis zur gewünschten Farbe backen. Blech aus dem Ofen nehmen, Keks mit einer Palette abheben und auf einem Gitter auskühlen lassen.

Marmelade erwärmen und glattrühren. Die Böden mit der heißen Marmelade bestreichen, die Oberseiten mit Staubzucker anzuckern und auf die Böden setzen. Man muss die Kekse gut trocknen lassen, dann kann man sie in einer Dose ein paar Wochen aufbewahren.

Vanillekipferl

Ohne Vanillekipferl ist Weihnachten bei uns in Österreich unvorstellbar. Deshalb bricht jedes Jahr im Advent eine nationale Diskussion um die besten Rezepte aus. Jeder hat eine Mama, Großmutter oder Tante, die die weltbesten Vanillekipferl macht. Ich kann nur sagen, dass ich noch keine besseren gegessen habe als die von meiner Mutter. Das Grundrezept hatte sie aus dem „Kochbuch für jeden Haushalt" von Rosa Karlinger, das 1951 in Linz erstmals erschien. In der Praxis kommt es auf sorgfältiges Arbeiten und die richtige Temperatur beim Backen an. Mir schmecken sie am besten mit Walnüssen, meine Mutter bekommt die Nüsse von Helga, einer lieben Bekannten, und löst sie selbst aus. Das ist eine Heidenarbeit, aber das Resultat ist viel besser als mit importierten Nüssen aus dem Supermarkt. Einen milderen Charakter bekommen die Kipferl, wenn man sie mit Mandeln macht.

ZUTATEN

250 g glattes Mehl
150 g Butter
100 g geriebene Walnüsse
70 g Staubzucker
Vanillestaubzucker (Verhältnis 1:10)

ZUTATEN (VARIANTE)

350 g glattes Mehl Type 480
210 g Butter
110 g Staubzucker
100 g weiße, geschälte, fein geriebene Mandeln
1 Eigelb
etwas fein abgeriebene Zitronenschale
Vanillestaubzucker (Verhältnis 1:10)

ZUBEREITUNG

Mehl und Butter abbröseln und mit Nüssen und Staubzucker rasch zu einem glatten Teig verarbeiten. Den Teig zu einem Ziegel formen und etwa 30 Minuten (am besten im Kühlschrank) rasten lassen. Herausnehmen, ca. 4 cm große Stücke abschneiden und zu daumendicken Rollen walzen. In ca. 1,5 cm lange Stückchen schneiden, zu kleinen Würsteln auswalzen und auf einer leicht bemehlten Arbeitsfläche (Nudelbrett) Kipferl in gewünschter Größe formen. Auf einem mit Backpapier ausgelegten Blech bei mittlerer Hitze im vorgeheizten Ofen bei 160–180 °C Heißluft ca. 12–15 Minuten goldgelb backen. Abkühlen lassen und dann aus einem feinen Sieb mit Vanillestaubzucker bestäuben.

Variante: **Vanillekipferl** *mit* **Mandeln**

ZUBEREITUNG
Wie oben.

Zimtkarten

Die zarten Plättchen mit ihrem süßen Zimtgeschmack und den Mandeln tragen in unserer Familie jedes Jahr zur perfekten Weihnachtsatmosphäre bei. Wenn man einmal mit dem Naschen der kleinen Kärtchen begonnen hat, kann man kaum damit aufhören.

ZUTATEN

230 g glattes Mehl
etwas fein abgeriebene Zitronenschale
1 TL Zimt
150 g zimmertemperierte Butter
120 g Staubzucker
1 versprudeltes Eiweiß
gehobelte Mandeln

ZUBEREITUNG

Mehl auf ein Brett sieben. Zitronenschale und Zimt daruntermischen. Zimmerwarme Butter in kleine Stücke schneiden, auf das Mehl legen und mit dem Nudelwalker in das Mehl einarbeiten. Staubzucker dazugeben, Teig immer wieder mit der Teigkarte auf einen Haufen zusammenschieben und mit den Fingern abbröseln. Dann mit den Händen schnell zu einem glatten Teig kneten.

Eine längliche Rolle formen und den Teig in die Verpackungsfolie der Butter einwickeln, dann in Alufolie einwickeln und in ein verschließbares Gefriersackerl geben. Kühl stellen, bis die Butter wieder fest ist.

Ofen auf 160 °C Heißluft vorheizen. Den Teig mit dem Nudelwalker 3 mm dick ausrollen („messerrückendick"). Die Teigoberfläche mit einem Pinsel mit Eiweiß bestreichen. Die gehobelten Mandeln mit den Fingern zerbröseln. Am besten in die hohle Hand geben und mit den Fingern der anderen Hand gleich auf die mit Eiweiß bestrichene Teigoberfläche zerbröseln.

Mit dem Teigrad aus dem Teig ca. 6 etwa 2 cm breite Bahnen schneiden. Dann immer nach 3,5 cm quer radeln. Mit dem Messer einzeln abheben und nebeneinander (Abstand ca. ½ cm) auf ein mit Backpapier ausgelegtes Backblech legen. Ca. 12 Minuten im vorgeheizten Ofen backen.

→ Mit Teigresten und Abschnitten kann man kreativ werden. Zum Beispiel etwas Zucker und geriebene Nüsse hineinkneten, lange Teigwürsterl ausrollen und Brezerl formen. Oder einfach einen Fleck mit geriebenen Nüssen betreuen und alles backen. Zum Schluss kann man auch etwas Vanillezucker darüberstreuen. Auch wenn das nichts Besonderes ist, reißen sich bei uns alle um die Restln.

Hedi: „Für Zimtherzen rolle ich den Teig genauso dünn aus, ich mag sie zierlich lieber. Zimtherzerl oder Lebkuchen dekoriere ich auch gern mit einer Mandelhälfte. Dazu die rohen Mandeln zwei Minuten in kochendem Wasser blanchieren, abseihen und kurz auskühlen lassen. Dann geht die Schale leicht ab und man kann die Mandeln in zwei Hälften spalten."

Polo~Nero

Diese Kekse aus Mürbteig mit Kakao und zur Hälfte in Schokolade getunkt zählen zu den Favoriten vieler Kinder. Bei uns heißen sie „Neros", obwohl die runde Form, in der wir sie backen, eigentlich „Polo" heißen müsste. „Neros" sind oval oder biskottenförmig. Klassisch macht man die Polos und Neros mit Marillenmarmelade, aber sie schmecken auch ganz vorzüglich mit Ribisel-Himbeer-Marmelade.

ZUTATEN

300 g zimmertemperierte Butter
160 g Staubzucker
1 Prise Salz
1 Pkg. Vanillezucker
2 Eier
2 Eigelb
220 g glattes Mehl
60 g Kakao
Marillenmarmelade oder Ribisel-Himbeer-Marmelade zum Zusammensetzen (s. S. 223)
dunkle Kuvertüre-Schokolade

ZUBEREITUNG

Butter mit Staubzucker, Salz und Vanillezucker in der Maschine schaumig rühren, Eier und Eigelb nach und nach dazumischen. Das dauert ca. 10 Minuten, dabei ein- bis zweimal die Maschine abschalten und die Masse mit der Teigkarte von der Wand der Rührschüssel schaben, damit alles schön mitgerührt wird. Während die Maschine arbeitet, den Spritzsack herrichten.

Mehl in einem Weitling mit Kakao vermischen und in die Masse einrühren. Dabei die Maschine erst ganz langsam laufen lassen, dann etwas schneller. Wieder abschalten und mit der Gummispachtel die Masse von der Wand der Schüssel streichen. Zur Kontrolle Masse händisch mit dem Schneebesen durchrühren.

Masse in den Spritzsack füllen und mit einer glatten 7-mm-Lochtülle Plätzchen auf ein mit Backpapier ausgelegtes Backblech dressieren. Bei leicht geöffneter Ofentür im vorgeheizten Ofen bei 160 °C Heißluft ca. 10 Minuten backen. Herausnehmen und auskühlen lassen.

Marmelade erhitzen und Plätzchen mit Marmelade doublieren: mit einem Teelöffel einen Tupfen heiße Marmelade in die Mitte geben, ein anderes Plätzchen daraufsetzen (wenn die Marmelade heiß ist, kleiben die Plätzchen besser). Kuvertüre schmelzen, Plätzchen zur Hälfte eintauchen. Abtropfen und auf einem mit Backpapier ausgelegten Blech oder Gitter trocknen lassen.

Variation: Die Schokoladeseite gleich nach dem Tunken mit Mandelsplittern oder gehackten Pistazien bestreuen und auskühlen lassen. Statt sie zu tunken, kann man die Plätzchen auch mit einem Schokoladegitter überziehen. Dazu eng nebeneinander auf ein mit Backpapier ausgelegtes Blech legen. Ca. ½ Esslöffel Kuvertüre nehmen und die Plätzchen durch die in einem Faden herunterfließende Schokolade mit dem gewünschten Muster überziehen.

Hedi: „Sehr hilfreich zum Herrichten des Spritzsacks ist ein Plexiglas-Weinflaschenkühler, in den ich den zu einem Drittel umgestülpten Spritzsack stecke. Es gibt auch eigene kegelförmige Spritzsackhalter, die man zum Trocknen des Sacks umdrehen kann.

Für das Schmelzen der Schokolade kann man die Mikrowelle verwenden, das spart Zeit. Ich mache mir lieber eine sogenannte Bain-Marie. Dafür nehme ich eine kleine Kasserolle und eine ein bisschen größere Glasschüssel. Ich gebe so viel Wasser in die Kasserolle, dass die Glasschüssel, wenn man sie auf die Kasserolle aufsetzt, inkl. Boden ca. 2 cm im Wasser steht. Das Wasser erhitze ich, lasse es aber nicht zum Kochen kommen. Die Kuvertüre gebe ich in Stücken in die Schüssel, bedecke diese und setze sie auf die Kasserolle auf. Die geschmolzene Schokolade verrühre ich zum Schluss glatt."

Nussbusserl

Nussmakronen heißen in Österreich „Busserl", weil ihre reizende Form an den zu einem „Küsschen" gerundeten Mund erinnert. Davon gibt es vielerlei Variationen: mit Walnüssen, Haselnüssen mit Schale oder geröstet oder mit Mandeln sowie auch mit oder ohne geriebener Schokolade. Man kann die Busserl vor dem Backen auch mit einem Stück Nuss oder Mandel dekorieren.

ZUTATEN

350 g Nüsse

4 Eiweiß

200 g Zucker

ZUBEREITUNG

Nüsse fein reiben. Eiweiß in eine Schüssel geben und schaumig anschlagen. Die Hälfte des Zuckers zugeben, weiterschlagen, dann den restlichen Zucker einmengen und richtig fest ausschlagen. Nüsse locker unterziehen.

Masse mit Hilfe von 2 ins Wasser getauchten Kaffeelöffeln zu Busserln formen und nicht zu eng nebeneinander auf ein mit Backpapier ausgelegtes Blech setzen, sie laufen beim Backen etwas auseinander. Bei ca. 150 °C Heißluft im vorgeheizten Ofen ca. 20–25 Minuten (unter Beobachtung) backen.

Hedi: „Für Schoko-Nuss-Busserl nehme ich 250 g Nüsse und 100 g fein geriebene Zartbitterschokolade."

Hedis Eierlikör
zum Löffeln

Dieses Rezept ist eine ungemein raffinierte Köstlichkeit, die mit normalem Eierlikör nicht mehr viel zu tun hat. Dank des Schlagobers wird die Konsistenz so cremig, dass man den Likör nicht trinkt, sondern löffelt. Ganz besonders gut schmeckt er im Verein mit Schokoladeneis.

ZUTATEN

⅝ l Schlagobers
300 g gesiebter Staubzucker
2 Pkg. Vanillezucker
4 Eigelb
¼ l Alkohol, zusammengesetzt aus ³⁄₁₆ l Weingeist und ¹⁄₁₆ l Williams-Birnenbrand mit einem Schuss Inländer-Rum 80 %

ZUBEREITUNG

Schlagobers aufkochen und auskühlen lassen. Mit Staubzucker, Vanillezucker und Eigelb in eine Rührschüssel (Küchenmaschine) geben und 5 Minuten durchrühren. Zum Schluss den Alkohol dazugeben. Dann alles im Mixer gut durchmixen.

Hedi: „Da mein Eierlikör so cremig dick ist, fülle ich ihn nicht in Flaschen, sondern in verschließbare Einmachgläser. Man kann den Eierlikör auch auf Vorrat machen und die doppelte oder vierfache Menge nehmen."

Marmeladen

Das Marmeladenrepertoire meiner Mutter ist seit Jahrzehnten in der ganzen Familie heiß begehrt: Wachauer Marillen, Walderdbeer, Himbeer, Brombeer, Kirsch, Ribisel-Himbeer, Ribisel-Kirsch, aber auch Preiselbeeren und Powidl. Einen Teil verarbeitet sie erntefrisch. Aber sie friert auch Früchte ein und kocht später frische Marmelade. Das ist besonders bei der Marillenmarmelade vorteilhaft.

Sie verwendet Wiener Gelierzucker 2:1, bei dem auf 2 Teile Früchte 1 Teil Gelierzucker kommt. Das gibt einen schönen Fruchtgeschmack und ausreichend, aber etwas reduzierte Süße. Sie verarbeitet maximal 2 kg Früchte auf einmal, zum Beispiel bei Marillen.

Die Früchte waschen und je nach Typ vorbereiten, gefrorene Früchte vor der Verarbeitung auftauen lassen. Marillen entkernen und je nach gewünschter Textur der Marmelade entweder nur etwas zerkleinern oder fein mixen. Ribiseln, Brombeeren und Himbeeren roh mixen und durch ein Sieb passieren. Mischungen (zum Beispiel Ribisel-Himbeer) getrennt mixen und passieren. Erdbeeren blättrig schneiden. Preiselbeeren ganz lassen.

Zucker in einem großen Topf mit dem Schneebesen in die kalte Fruchtmasse einrühren. Mischung zum Kochen bringen. 4 Minuten sprudelnd kochen (Achtung, spritzt!), dabei ständig rühren, damit nichts anbrennt. Zum Schluss nach Wunsch mit etwas Zitronensaft abschmecken (zum Beispiel bei süßen Marillen). Kochend heiß bis zum Rand in sterile Gläser füllen und fest verschließen. Abkühlen lassen.

Hedi: „Das Wichtigste ist, aromatische, aber nicht überreife Früchte zu verarbeiten, auf peinlichste Sauberkeit und sterile Gläser zu achten und die Gläser zu beschriften (Fruchttyp, Jahrgang), damit man später weiß, was in welchem Glas ist."

GRUNDREZEPTE

Familienküche braucht kaum Fonds – die Küche meiner Mutter kommt in den meisten Fällen ohne die vorgefertigten Fonds und Jus der klassischen Restaurantküche aus. Die Saucenbasis entsteht bei ihr während der Zubereitung des Gerichts, zum Beispiel der Kalbsfond beim Kalbsbraten, der gefüllten Kalbsbrust oder dem Paprikaschnitzel, bei dem sie Knochen und Parüren erst separat in Butter anbrät und etwas auskocht und sie dann zum Natursaft, der sich beim Fleischanbraten bildet, dazugibt.

Zum Aufgießen hat Mama immer Rind- oder Hühnersuppe vorrätig, für gewisse Rezepte auch eine Gemüsebrühe. Für Hechtnockerl oder Fischsuppe verwenden wir Fischfond. Mehlschwitzen zum Binden werden sehr sparsam verwendet. Aber eine staubtrockene helle Einbrenn als Saucenbindung hat Hedi in einem fest verschlossenen Glas immer parat.

Mehlschwitze

Einmach und Einbrenn sind Mehlschwitzen, die aus der Verbindung von Mehl und Fett entstehen. In der französische Küche spricht man von „roux" und je nach Bräunungsgrad von roux blanc, blond oder brun.

Einmach
(Helle Buttereinmach)

ZUTATEN

50 g Butter

50 g glattes Mehl

Butter zerlassen. Pfanne vom Feuer nehmen, Mehl mit einem Kochlöffel oder Schneebesen einrühren und 2 Minuten unter ständigem Rühren weiter anschwitzen, keine Farbe nehmen lassen.

Helle Einbrenn

ZUTATEN

50 g Butter oder Schweineschmalz

100 g glattes Mehl

Fett zerlassen, Mehl einrühren. Ständig mit dem Schneebesen rühren und bei nicht zu hoher Temperatur leicht anrösten (nur ein bisschen Farbe nehmen lassen).

Man kann die Einbrenn auch 15 Minuten bei 100 °C ins Rohr stellen und leicht durchrösten. Dann wird sie bröselig und trocken und lässt sich gut in einem verschlossenen Glas aufbewahren.

Braune Einbrenn

ZUTATEN

50 g Butter oder Schweineschmalz

100 g glattes Mehl

Fett zerlassen. Pfanne vom Feuer nehmen, Mehl mit einem Kochlöffel oder Schneebesen einrühren. Wieder auf das Feuer stellen und ca. 5 Minuten unter ständigem Rühren weiter anschwitzen, bis die Einbrenn dunkelbraun ist.

Fischfond

ZUTATEN

50 g Stangensellerie
50 g Weißes vom Lauch
50 g Zwiebeln
30 g Champignons
1 kleine Tomate
1 nussgroßes Stück Butter
1 kg Fischkarkassen
(Gräten, Häute, Köpfe)
Thymian
1 Lorbeerblatt
einige Petersilienstiele
5 zerdrückte Pfefferkörner
Salz

ZUBEREITUNG

Gemüse kleinwürfelig schneiden und in Butter anschwitzen.

Dann alle Zutaten in einen großen Topf mit 1 ½ l kaltem Wasser aufsetzen, ganz langsam zum Kochen bringen und sofort zurückschalten.

20 Minuten nicht zugedeckt leise köcheln und durch ein feines Sieb oder ein Leinentuch abseihen.

Hedi: „Ich koche nicht gerne mit vorbereiteten Fonds. Normalerweise mache ich meine Saucen mit Fonds, die bei der Zubereitung entstehen.

Nur für Fischsuppe, zum Garen von Hechtnockerln oder für spezielle Fischsaucen braucht man einen Fischfond, der leicht zuzubereiten ist. Wichtig sind frische Karkassen von weißen Fischen. Am besten sind Plattfische wie Steinbutt oder Seezunge, ungeeignet wären Makrele oder Hering."

Schneller Kalbsfond

ZUTATEN

300 g Parüren vom Kalb

Salz

50 g Butter

ZUBEREITUNG

Parüren salzen und in Butter Farbe nehmen lassen, knusprig anbraten. Das Fett der Parüren brät sich aus und gibt Geschmack.

Herd ausschalten und den Topf mit einem Deckel zudecken, damit sich im Wasserdampf der Bodensatz löst.

Mit ½ l Wasser aufgießen, Bratensatz gänzlich vom Boden lösen. Fond abseihen, Parüren wegwerfen.

Hedi: „Diesen schnellen Kalbsfond verwende ich für Kalbsgulasch und Paprikaschnitzel. Man kann ihn auch nebenbei während der Zubereitung der Gerichte machen."

Feiner Gemüsefond

ZUTATEN

3 Stangen Staudensellerie

300 g Knollensellerie

150 g Lauch

2 Petersilienwurzeln

1 große Zwiebel

einige Petersilienstängel
(oder andere Kräuterstiele)

1 großes Lorbeerblatt

Salz

ZUBEREITUNG

Gemüse in kleine Stücke schneiden und mit 2 l Wasser in einem Topf zum Kochen bringen. Einmal aufkochen, 1 Stunde leicht köcheln lassen.

Kräuter und Lorbeer beigeben und weitere 10 Minuten ziehen lassen. Fond durch ein Sieb und ein Leinentuch passieren und mit Salz abschmecken.

Feiner Geflügelfond

ZUTATEN

1 kg Geflügelkarkassen oder Hühnerflügel
2 Hühnerkeulen
8 Pfefferkörner
2 Lorbeerblätter
7 Wacholderbeeren
4 Gewürznelken
etwas Muskatblüte
2 Zwiebeln
3 Petersilienwurzeln
2 Stangen Staudensellerie
Lauchabfälle

ZUBEREITUNG

Karkassen klein hacken, Flügel in 2, Keulen in 3 Teile schneiden.

Mit den Gewürzen in einen Topf geben und mit Wasser bedecken. Zum Kochen bringen, einmal aufkochen und ca. 2 Stunden leicht köcheln lassen.

Gemüse grob schneiden, 30 Minuten vor Ende der Kochzeit dazugeben. Den Fond erst bei Gebrauch nach Bedarf salzen.

Hedi: „Dieser Fond ist ideal zum Aufgießen für viele Saucen und auch Risotto und lässt sich sehr gut einfrieren."

Rindsuppe

ZUTATEN

500 g Rindsknochen (auf Wunsch auch Markknochen)
500 g Rindssiedefleisch
1 TL Salz
200 g Karotten
100 g Sellerie
100 g Petersilwurzel
½ Zwiebel mit Schale
50 g Lauch
5–10 Pfefferkörner
5 Pimentkörner
Muskatblüte

ZUBEREITUNG

Knochen und Fleisch kalt waschen. Knochen mit kaltem Wasser bedeckt aufsetzen und aufkochen. Wasser abschütten und durch 3 l frisches, kaltes Wasser ersetzen. Sobald es zu kochen beginnt, Fleisch hinzufügen. Salzen, ankochen lassen. Hitze reduzieren, nach 30 Minuten Wurzelgemüse und Gewürze dazugeben. Mindestens 2 Stunden simmern lassen, bis das Fleisch weich ist. Suppe abseihen und abschmecken.

Hedi: „Die Suppe kann man kochend heiß randvoll in Schraubverschluss-Gläser füllen. Abgekühlt hält sie sich im Kühlschrank bis zu 14 Tage."

ANHANG

Deutsch-österreichisches Register: Was findet sich wo?

Aprikosen → Marillen
Blumenkohl → Karfiol
Buchteln → Wuchteln
Blutwurst → Blunzen
Buletten → Fleischloaberl
Eierkuchen, Pfannkuchen → Palatschinken
Grieben → Grammeln
Kartoffeln → Erdäpfel
Kohl → Kraut
Möhren → Karotten
Pfifferlinge → Eierschwammerl
Rapunzel, Feldsalat → Vogerlsalat
Rotkohl → Blaukraut
Sahne → Rahm
Schweinebraten → Schopfbraten

Rezeptregister

In Hedis Tipps enthaltene Rezepte sind mit (H) gekennzeichnet.

A
Apfelbunkerl 198
Apfelmanderl 182
Apfelstrudel, ausgezogen 202
Ausgesottener 18

B
Backhendl 112
Bauernente 132
Blaukraut 164
Blunzengröstl 70
Brathendl 130
Bratkartoffeln (H) 161
Brokkoli 162
Burgunderbraten 144
Butternockerl 46
Butterstangerl 210

C
Champignon-Rahmschnitzel 107
Cremespinat 162
Curryoberssauce 25

E
Eierlikör 221
Eierschwammerl in Rahmsauce 92
Eierschwammerl mit Ei 90
Einbrenn 226
Einmach 226
Eispalatschinken (H) 188
Entenjunges 58
Entenlebernockerl 47
Erdäpfelkas 20
Erdäpfelpüree 160
Erdäpfelsalat 158
Erdäpfelschmarrn 161
Erdäpfelsteckerl 66
Erdäpfelsteckerl mit Zucker und Zimt 187

F
Fasan 152
Fasan-Geschnetzeltes 151
Filetspitzen, sautiert 125
Fischfond 227
Fleischloaberl 72
Forelle Müllerin 96

G
Geflügelfond 229
Gefüllte Paprika 80
Gekochtes Rindfleisch 126
Gemüsefond (H) 54, 228
Gemüsemayonnaise 24
Gemüsesuppe, fein 55
Grammelknödel 73
Grießnockerl 40
Gulasch 100
Gurkensauce 129

H
Hascheeknödel 73
Hausruckviertler Knödel 73
Hechtnockerl in Riesling-Kerbel-Sauce 99
Hippenschüsserl 184
Hirsch-Medaillons 150
Hirschragout 148
Hollerröster 197
Hühnerbrust „Wielander" 120
Husarenkrapferl 211

K
Kaiserschmarrn 196
Kalbsbraten 138
Kalbsbries, gebacken 109
Kalbsbrust, gefüllt 140
Kalbsfond 228
Kalbsgulasch (H) 102
Kalbskotelett mit Spargel 114
Kalbsleber mit Apfel und Zwiebel 116
Kardinalschnitten 176
Karfiol 162
Karfiol mit Butterbröseln 83
Karottengemüse 163
Karottensalat 157
Kasnocken 81
Klingergulasch 100
Klingertorte 172
Knoblauchsuppe 54
Kochkas 18
Kochkas, cremig 19
Kräuterbutter 22
Krautsalat, kalt 157
Krautsalat, warm 163
Krenfleisch 77
Kürbiscremesuppe 52

L
Lachsforelle, hausgebeizt 36
Lammgulasch 102
Lammschulter 145
Leberbunkel 78
Leberknödel, gebacken 48
Lebkuchen 209
Liptauer 20
Löffelnockerl 166

M
Marillenknödel 191
Marmelade 223

Mayonnaise 23
Mayonnaise-Ei 26
Mehlknödel 169
Mehlknodn 169
Milzschnitten 50

N
Nussbusserl 220
Nussbutter 22
Nussroulade mit Walderdbeeren 180

P
Palatschinken 188
Paprika, gefüllt 80
Paprikahendl 106
Paprikaschnitzel 104
Pilze, gebacken 109
Polo-Nero 218
Powidltatschkerl 204
Prinzessbohnen 162

R
Rahmsupp'n 59
Rebhendl 152
Reh-Medaillons 150
Rehkitzbraten 146
Reindlrostbraten 124
Rindfleisch, gekocht 126
Rindsuppe 229

S
Salatsaucen 156
Sauce tartare 23
Schinkenfleckerl 69
Schinkenrolle mit Spargel und Curryoberssauce 35
Schnittlauchsauce 129
Schnitzel, Wiener 108

Schoko-Nuss-Busserl (H) 220
Schopfbraten 136
Schupfnudeln 167
Schweinsbackerlsulz 29
Schweinsfilet auf Försterart 118
Seesaibling in Veltliner 98
Semmelknödel 168
Semmelkren 128
Senfsauce 24
Serviettenknödel 168
Somloer Nockerl 178
Sommersalat mit eingelegtem Ziegenkäse 34
Spargel mit Butter und Kräutern 82
Spargelsamtsuppe 56
Spätzle 161
Speckknödel 73
Spinatnocken mit Nussbutter 84
Spitzbuben 212
Stampfkartoffeln (H) 160
Stanitzerl 186
Steinpilze auf Röstbrot 88
Stöcklkraut 164
Stungakas 21

T
Truthahn, gebraten (H) 133

V
Vanillekipferl 214
Vogerlsalat mit Speck 32

W
Wachteln 152
Wiener Schnitzel 108

Hedis original Rezeptbuch aus der Haushaltungsschule (1951)

Wildsuppe 60
Wuchteln mit Vanillesauce 194

Z
Zimtherzen (H) 217
Zimtkarten 216
Zwetschkenpofesen 205
Zwetschkenröster 197
Zwiebelrostbraten 122
Zwiebelsauce 128

Österreichisch-Deutsches Glossar

A
Abmischen: vermischen
Abschwemmen: mit Wasser abwaschen
Am: auf dem
An: einen
Anlegen: anbrennen
Ausbacken: kurz für → herausbacken
Auslegen: aus dem Ofen bzw. aus der Hitze nehmen
Ausgesotten: ausgekocht
Ausreiben: auswringen

B
Backen: in Österreich verwendet man den Begriff „backen" auch für die Zubereitung in einer Pfanne auf dem Herd sowie als Abkürzung für → herausbacken
Backhendl: Backhuhn, paniertes Hühnchen
Backrohr: Backofen, Herd
Bähen: leicht rösten
Bauchfleisch: Schweinebauch
Beinfleisch: Querrippe
Beiried (für Rostbraten): flaches Roastbeef ohne Knochen
Beusch(e)l: a) Lunge; b) aus Lunge zubereitetes Gericht
Biskotte: Löffelbiskuit
Bisserl: bisschen
Blaukraut: Rotkohl
Blunzn: Blutwurst
Bratl: Braten
Bratlfett: Bratenfett
Braun: dunkel (Suppen und Saucen)
Brösel: a) Abkürzung für → Semmelbrösel; b) zerkleinertes, getrocknetes Backwerk
Bröseltopfen: hochwertiger Quark mit sehr niedrigem Wassergehalt
Bunkel: Kuchen

D
Do herin': hier (drinnen)
Doppelliter: 2-Liter-Weinflasche
Durchzogen: durchwachsen

E
Eana: ihnen
Ei versprudeln, Ei verschlagen: Eiweiß und Dotter mit einer Gabel homogen verrühren
Eierschwammerl: Pfifferlinge
Einbrenn: Mehlschwitze
Einmach: helle Mehlschwitze
Einmachsuppe: Suppe auf Basis einer → Einmach
Einspänner: a) ein einzelnes Wiener Würstchen; b) Wiener Kaffeespezialität
Entenjunges: Entenklein
Erdäpfel: Kartoffeln
Essiggurkerl: saure Gurke
Extrawurst: feine Brühwurst

F
Fad: langweilig
Faschieren: durch den Fleischwolf drehen
Faschiertes: Hackfleisch
Feinkristallzucker: feinkörniger Zucker
Fia: für
Fleischhauer: Metzger
Fleischhauerei: Metzgerei
Fleck: viereckig ausgerollter Teig/ Kuchen
Frankfurter: Wiener Würstchen
Frikandeau: Unterschale
Frittaten: Suppeneinlage aus klein geschnittenen → Palatschinken (Flädle)
Fülle: Füllung

G
Gansl: Diminuitiv zu Gans
Gansljunges: Gänseklein
Gefriersackerl: Gefrierbeutel
Gelbe Rübe: Die in Österreich verwendeten Gelben Rüben sind in Deutschland kaum bekannt und nicht zu verwechseln mit den in Teilen Deutschlands als Gelbe Rüben bezeichneten → Karotten/Möhren.
Gerissen: gerieben
Germ: Hefe

G'spritztes: Abgehobenes
Grammeln: Grieben
G'schmackig: köstlich, würzig
Gurkerlwasser: Marinade von sauren Gurken aus dem Glas
Gusto: Geschmack, Appetit

H
Händisch: von Hand
Häuptelsalat: grüner Salat
Hendl: Huhn
Herausbraten: in schwimmendem Fett garen, frittieren
Herrenpilze: Steinpilze
Hesperiden-Essig: Markenname eines in Österreich viel verwendeten Essigs mit 7,5 % Säure; besteht aus Weingeistessig, Weinessig sowie Apfelsaftkonzentrat
Hieferschwanzel (auch -Hüferschwanzl): Bürgermeisterstück, Hüftspitze
Hinteres Ausgelöstes: Hochrippe
Holler: Holunder

I
Inländerrum: traditionelle österreichische Spirituose, unter anderem unter dem Markennamen Stroh Rum erhältlich

J
Jause: Zwischenmahlzeit

K
Kaffeehäferl: Kaffeetasse
Kaisersemmel: krustenreiches Brötchen mit charakteristischen sternförmigen Einschnitten
Kaiserteil: Schale
Karfiol: Blumenkohl
Karotte: Möhre
Karree: Rippenstück, beim Rind: Roastbeef, beim Schwein: Kotelettstück
Kas: Käse
Kavalierspitz: Siedefleisch vom Rind, dünnes Schulterblatt
Keks: Plätzchen
Kernfettn: Kernfett
Kipfler: eher kleine, hörnchenförmige, festkochende Kartoffeln
Kommen S', gemma: lassen Sie uns gehen
Kosten: probieren
Kimmt: kommt
Knackwurst: Brühwurstsorte
Kraut: Weißkohl
Kren: Meerrettich
Krenreißer: Meerrettichreibe
Kristallzucker: Haushaltszucker
Krustel: Kruste
Kübelspeck: fetter Rückenspeck, mit Steinsalz zubereitet
Küchenrolle: Küchenkrepp

L
Laibchen: kleine, runde oder ovale Bratlinge
Lauch: Porree
Leeren: gießen
Loaberl: oberösterreichisch für → Laibchen
Lochschöpfer: Schaumlöffel
Lungenbraten: Filet

M
Marille: Aprikose
Manderl: Männchen
Mehl, glatt: in Österreich viel verwendetes Mehl, fein gemahlen (die Ausmahlgrade von Mehl sind in Österreich anders als in Deutschland); geeignet für Massen und Mehlteige, durch Mehl Type 405 zu ersetzen
Mehl, griffig: etwas grober gemahlenes Mehl, am ehesten mit Dunstmehl vergleichbar; geeignet für Knödel und Kartoffelteig
Mehl Type 480: durch Type 405 ersetzbar
Mehlspeisen: Süßspeisen
Mischlingsmost: Most aus Birnen und Äpfeln

N
Natursaft: beim Garen entstandene Flüssigkeit

Nocken: größere → Nockerl (Bedeutung b)
Nockerl: a) Knöpfle, Spätzle; b) (meist mit einem Löffel) aus einer weichen Masse ausgestochene Form
Nockerlschlitten: Spätzlehobel
Nuss: Fleisch aus der Mitte der Keule

O

Obers: kurz für → Schlagobers
Obershauberl: ein Klacks geschlagene Sahne

P

Palatschinken: Eierkuchen, Pfannkuchen
Panier: Panade
Paradeiser: Tomaten
Patzerei: Sauerei
Petersil: Petersilie
Petersilerdäpfel: Petersilienkartoffeln
Pfefferoni: Peperoni
Pfefferschote: Chilischote
Powaln: Klümpchen
Powidl: Zwetschenmus

R

Randl: Rand
Rahm: Abkürzung für → Sauerrahm oder → Obers
Rasten lassen: ruhen lassen
Reine: Bräter
Ribiseln: Johannisbeeren
Rindsschale: Keulenfleisch
Rindsuppe: klare Rinderbrühe

Rohr: kurz für → Backrohr
Roserl: Röschen
Rostbraten: flaches Roastbeef, Lende bzw. aus diesen Teilstücken zubereitetes Gericht
Rote Rüben: Rote Beete

S

Saft(l): zu Sauce verarbeitete Garflüssigkeit
Sämig: cremig, dickflüssig
Sands': sind sie
Sauerrahm: saure Sahne
Schale: mageres Keulenfleisch
Schlagobers: Sahne
Schlag: geschlagene Sahne
Schlatzig: schleimig
Schlögel: Keule
Schlosskäse: Weichkäse mit Rotkultur
Schluss (kurz für: Schlussbraten): Hüfte
Schmankerl: Leckerbissen, traditionelles Gericht oder Lebensmittel
Schnürleismasse: Eiweißspritzglasur
Schopf: Schweinekamm, Nacken
Schöpfer, Schöpflöffel: Suppenkelle
Schwammerl: Pilz
Schwartl: Schwarte
Schwarzbrot: Mischbrot
Schwemmen: (ab-)spülen
Schuladirndln: Schulmädchen

Schulterscherzel: Schaufelstück
Schüsserl: Schüsselchen
Selchen: räuchern
Selchfleisch: geräuchertes Fleisch
Selchspeck: geräucherter Speck
Semmel: Brötchen, Schrippe
Semmelbrösel: Paniermehl; alternativ kann getrocknetes, fein geriebenes Weißbrot verwendet werden
Separieren: trennen
Separat: extra
Siebschöpfer: Schaumlöffel
Soufflieren: sich aufblähen
Spachtel, die: Spachtel, der; Spatel
Spagat: Bindfaden, Küchengarn
Speckig: festkochend
Spritzer: Schorle
Sprudeln: → versprudeln
Stauben: stäuben
Staubzucker: Puderzucker
Steirerkas: fettarmer, würziger Sauermilchkäse mit graubrauner Farbe
Stelze: Hachse, Haxe
Stocken: dickflüssig, fest werden
Stungakas: Stinkkäse
Striezel: Laib, Zopf
Sulz: Sülze
Suren: einsalzen, pökeln

T

Tafelspitz: äußerstes Ende

Biographien

des Rinderschwanzstückes, Hüftdeckel
Tafelstück: verlängerter → Tafelspitz
Ta(t)sch(k)erl: Täschchen
Topfen: Quark
Tranche: Scheibe

Ü

Überzuckern: mit Zucker bestreuen
Universalmehl: besteht je zur Hälfte aus glattem und griffigem → Mehl
Verschlagen: anderer Ausdruck für → versprudeln
Versprudeln: verquirlen, gut verrühren
Vogerlsalat: Rapunzel, Feldsalat

W

Wadschinken, Wadschunken: Wadenfleisch vom Rind
Weichseln: Sauerkirschen
Weißer Wecken: helles, weiches Weißbrot
Weitling: große Rührschüssel
Wurzelwerk: Wurzelgemüse
Wu(t)zeln: zwischen den Handflächen durch Reiben formen

Z

Zuputzen: anderer Ausdruck für → putzen
Zustellen: aufstellen
Zwetschke: Zwetschge, Zwetsche

Wilhelm Klinger

Geboren 1956, studierte Romanistik und begann 1987 seine Laufbahn im internationalen Weingeschäft. Klinger stand 2007–2019 an der Spitze der Österreich Wein Marketing GmbH und fungiert seither als Geschäftsführer der Weinhandelskette WEIN & CO. Er ist Co-Herausgeber der Weingeschichte Österreichs („Wein in Österreich – Die Geschichte", Brandstätter 2019).

Hedwig Klinger

Geboren 1933 in Aistersheim (Oberösterreich), heiratete 1956 den Gastwirt und Transportunternehmer Wilhelm Klinger. Sie prägte den Gasthof Klinger durch ihre ländlich noble Küche und wurde 2004 für ihre Verdienste um das Kulinarische Erbe Österreichs ausgezeichnet.

Thomas Klinger

Der dritte Sohn von Hedwig und Wilhelm Klinger sen. war Pressereferent der Österreich Wein Marketing und absolvierte die Ausbildung zum Weinakademiker. Seit 2002 leitet er im Weingut Bründlmayer den Vertrieb.

Manfred Klimek

Geboren 1962 in Wien, hat als Fotograf und Fotoredakteur für führende deutschsprachige Medien gearbeitet und schreibt als Autor u.a. für profil, Die Zeit, Die Welt und Medien der Condé-Nast-Gruppe. Daneben macht er Wein in der Toskana und im Kremstal.

Dank

Dass wir nach drei Auflagen von „Hedi Klingers Familienküche" nun eine überarbeitete und erweiterte Ausgabe dieses Rezeptschatzes unter dem Titel „Hedi Klingers Klassiker der österreichischen Küche" herausbringen können, erfüllt mich mit Freude und Dankbarkeit. Es ist ein großes Glück, dass meine Mutter, Jahrgang 1933, rüstig an der Erarbeitung der fehlenden Rezepte und an den Fotoshootings mitarbeiten konnte, wobei ihr meine Schwester Hedi mit Umsicht und der ihr eigenen Sorgfalt zur Hand ging.

Die Neuausgabe wurde nur möglich, weil das Team des Brandstätter-Verlags mit der kompetenten Stefanie Neuhart als Projektleiterin und Else Rieger als fachkundiger Lektorin an das Buch und sein Potenzial als Standardwerk glaubt. Der Fotograf Manfred Klimek hat bei drei neuen Shootings zahlreiche aktuelle Bilder beigesteuert. Kadadesign sorgte auch diesmal für die Grafik mit einem neuen Cover.

Mein Bruder Thomas hat mich bei der Neubearbeitung und Ergänzung der Weintipps unterstützt und gemeinsam mit seiner Frau Monika die private Küche als Location für die neuen Fotosessions zur Verfügung gestellt.

Ein spezieller Dank gilt dem ganzen Team des Gasthofs Klinger, das auch in der Pandemie dem Haus die Treue hält, sowie meinem Bruder Wolfgang und seiner Tochter Christiane, der neuen Geschäftsführerin, die uns all die Jahre logistisch unterstützt haben.

Nicht zuletzt danke ich meiner Familie für den Rückhalt, den sie mir täglich gibt.

Willi Klinger

Hedi (Mitte) mit dem Gasthof-Klinger-Team 2015 mit Inhaber Wolfgang Klinger links und Autor Willi Klinger rechts

Liebe Leserin,
lieber Leser,

Hat euch dieses Buch gefallen?
Möchtet ihr mit dem Autor in Kontakt treten?
Wir freuen uns auf Austausch und Anregung!

leserbrief@brandstaetterverlag.com

+43 1 512 15 430
Brandstätter Verlag
Wickenburggasse 26, 1080 Wien

Wir sagen Danke. Bleiben wir in Verbindung!
Lasst euch inspirieren!

Gute Geschichten, schöne Geschenkideen auf
www.brandstaetterverlag.com

4., überarbeitete und erweiterte Auflage

Die Erstauflage ist 2015 im Brandstätter Verlag unter dem Titel
„Hedi Klingers Familienküche" erschienen.

Alle Rechte vorbehalten

Copyright © 2022 by Christian Brandstätter Verlag, Wien

Papier: Salzer Touch 150 g, 1,2fach Vol.

Designed in Austria, printed in the EU

ISBN 978-3-7106-0602-1

Rezepte: Hedi Klinger
Texte & Rezeptredaktion: Willi Klinger
Fotografie: Manfred Klimek
Landschaftsfotos: Josef Neumayr
Grafik & Art Direktion: Kadadesign, Alexander Kada mit Viktoria Schinnerl
und Carina Höglinger
Lektorat: Else Rieger
Projektleitung Brandstätter Verlag: Stefanie Neuhart

Archiv Familie Huber: S. 9 o., 86; Archiv Familie Klinger: S. 9 li. u., 10, 13, 49 o., 101; Archiv Klingermühle: S. 174 o. und u. re.; Christoph Herndler: S. 15 o.; Hintergrund © mliberra – Fotolia.com: S. 16/17, 38/39, 64/65, 94/95, 154/155, 170/171, 230/231; © Josef Neumayr: S. 9 u. re., 37 o. li., 89 o. re., 123; © Renate von Mangoldt, 1984: S. 42; © Strejman: S. 17, 39, 65, 95, 155, 171, 231; © Bezirksjägermeister Engelbert Zeilinger: S. 61; alle anderen: Manfred Klimek

Wir tragen Verantwortung
Der Inhalt dieses Buchs wurde auf hochwertigem, FSC©-zertifiziertem Naturpapier gedruckt. Dieses Papier trägt darüber hinaus ein Zertifikat auf dem Cradle to Cradle Certified® Silver Level.
Das Forest Stewardship Council® ist eine internationale Nicht-Regierungsorganisation, die weltweit eine umweltfreundliche, sozial gerechte und wirtschaftlich tragfähige Bewirtschaftung der Wälder fördert. Cradle to Cradle® zielt auf ein ökologisch verträgliches Wirtschaften in sich wiederholenden Rohstoff-Produkt-Kreisläufen ab.
Die Druckerei ist FSC© und PEFC™-zertifiziert, regelmäßige Audits erfolgen im Rahmen der internationalen Umweltmanagementnorm ISO 14001 (Nr. 35025/C/0001/UK/En). Diese international anerkannten, unabhängigen und regelmäßig überprüften Standards gewährleisten eine umweltgerechte, sozial verträgliche, nachhaltige und ökonomisch tragfähige Nutzung entlang der gesamten Wertschöpfungskette Holz, vom Baum bis zum Buch.

Außerdem im Brandstätter Verlag
erschienen:

ISBN: 978-3-7106-0533-8
Auf einem Roadtrip quer durch Bernhards Lieblingsgasthäuser, darunter der Gasthof Klinger, und zusammen mit vielen Wegbegleitern hat sich Harald Schmidt auf die kulinarischen Spuren von Thomas Bernhard begeben.